# CriptoCompass: Navigando nel Mondo delle Criptovalute"

## Una Guida Completa da Bitcoin a Blockchain: Strategie, Rischi e Opportunità nel Mercato delle Monete Digitali

Sam Bit

1. **Introduzione alle Criptovalute**: Una panoramica storica, cos'è una criptovaluta e perché è nata.

2. **Blockchain e Tecnologia**: Come funziona la blockchain, i suoi vantaggi e i principali usi al di fuori delle criptovalute.

3. **Acquistare Criptovalute**: Guida passo-passo su come e dove acquistare criptovalute, considerando piattaforme di scambio, wallet e sicurezza.

4. **Trading di Criptovalute**: Principi fondamentali, come funziona, strategie di base e strumenti utilizzati dai trader.

5. **Mining di Criptovalute**: Cos'è, come funziona e se è ancora redditizio.

6. **Staking e Yield Farming**: Come guadagnare interessi sulle tue criptovalute.

7. **DeFi (Finanza Decentralizzata)**: Panoramica sulle applicazioni finanziarie basate su blockchain.

8. **Rischi Associati alle Criptovalute**: Fluttuazioni del mercato, sicurezza e regolamentazione.

9. **Tassazione delle Criptovalute**: Una panoramica sulla situazione fiscale in vari paesi.

10. **Progetti e Token Promettenti**: Analisi di alcune delle criptovalute emergenti.

11. **ICOs, IEOs e STOs**: Come funzionano e come valutare le opportunità d'investimento.

12. **Adozione e Uso Quotidiano**: Come le criptovalute stanno diventando parte della vita di tutti i giorni.

13. **Regolamentazione e Legislazione**: Una panoramica delle leggi e normative nei principali paesi.

14. **La Psicologia del Mercato**: Comprendere le dinamiche dietro le bolle e i crash.

15. **Strategie d'Investimento**: Differenze tra investimento a lungo termine e trading a breve termine.

16. **Diversificazione del Portfolio**: L'importanza della diversificazione nell'investimento in criptovalute.

17. **Protezione e Sicurezza**: Metodi per proteggere i propri investimenti e le proprie criptovalute.

# 1. Introduzione alle Criptovalute: Una panoramica storica, cos'è una criptovaluta e perché è nata.

Le criptovalute rappresentano uno dei cambiamenti più rivoluzionari nel mondo finanziario degli ultimi anni. Da semplici esperimenti a una nuova classe di asset, la loro crescita è stata fenomenale. Questa sezione si propone di offrire una breve panoramica storica delle criptovalute, definendo cosa sono e analizzando le ragioni della loro esistenza.

## Cos'è una Criptovaluta?

In termini semplici, una criptovaluta è una forma digitale di moneta. Ma a differenza delle monete digitali tradizionali come l'euro o il dollaro, le criptovalute operano senza un'autorità centrale o un singolo amministratore. Sono decentralizzate e funzionano grazie alla tecnologia blockchain, che è una sorta di registro distribuito, sicuro e immutabile.

## Panoramica Storica

**Anni '80 e '90** - L'idea di una moneta elettronica non è nuova. Negli anni '80 e '90, ci furono vari tentativi di creare monete digitali, come DigiCash, ma queste iniziative non ottennero un'ampia adozione.

**2008** - La storia delle criptovalute moderne inizia con la pubblicazione di un documento da parte di una persona (o gruppo) sotto lo pseudonimo di Satoshi Nakamoto. Il documento, intitolato "Bitcoin: A Peer-to-Peer Electronic Cash System", introduceva l'idea di Bitcoin e la tecnologia blockchain.

**2009** - Bitcoin viene lanciato come software open-source, permettendo a chiunque di partecipare alla sua rete e iniziare a "minare" bitcoin.

**2010-2012** - Gli anni successivi vedono i primi scambi di Bitcoin per beni e servizi, compreso l'infame acquisto di due pizze per 10.000 BTC nel 2010. Durante questo periodo, iniziano anche a emergere altre criptovalute, spesso chiamate "altcoins".

**2013-2017** - Con l'aumento della popolarità delle criptovalute, aumentano anche le controversie. Ci sono stati hack di importanti piattaforme di scambio, questioni legali e una maggiore attenzione da parte dei regolatori. Tuttavia, questo è anche il periodo in cui le criptovalute, e Bitcoin in particolare, hanno iniziato a guadagnare legittimazione come investimento.

**2017-in poi** - Il boom delle ICO (Initial Coin Offerings) ha visto nascere migliaia di nuovi progetti e token. Alcuni di essi erano innovativi e promettenti, mentre altri erano puri esperimenti o, nel peggiore dei casi, truffe.

## Perché sono nate le Criptovalute?

Le criptovalute sono nate dalla necessità di avere una forma di moneta che è al di fuori del controllo delle istituzioni finanziarie tradizionali. Alcuni dei principali vantaggi proposti erano:

- **Decentralizzazione**: Nessun ente o autorità centrale ha il controllo su una criptovaluta.

- **Sicurezza**: Grazie alla crittografia, le transazioni e i saldi sono sicuri e quasi impossibili da manipolare.

- **Privacy**: A differenza dei conti bancari tradizionali, le transazioni di criptovaluta possono essere effettuate in modo anonimo.

- **Inclusività finanziaria**: Le criptovalute offrono a chiunque, indipendentemente dalla sua posizione geografica o dallo stato economico, la possibilità di accedere a servizi finanziari.

In conclusione, le criptovalute rappresentano non solo una nuova forma di moneta, ma anche una sfida ai sistemi finanziari tradizionali, proponendo un modello alternativo che pone l'utente al centro.

Le criptovalute, nel loro nucleo, rappresentano una combinazione di teoria economica, crittografia avanzata e filosofia decentralizzata. Per comprendere appieno la loro origine e il loro impatto, dobbiamo scavare ancora più a fondo nell'intersezione di queste discipline.

## Radici Filosofiche

Le radici filosofiche delle criptovalute possono essere rintracciate nei movimenti cypherpunk e criptoanarchici degli anni '80 e '90. Questi gruppi credevano fermamente nella privacy e nell'autonomia individuale nell'era digitale. Volevano creare un sistema in cui la privacy e la libertà non fossero compromesse dall'interferenza governativa o corporativa. L'avvento delle criptovalute ha dato un mezzo tangibile a queste idee, offrendo un sistema finanziario in cui le transazioni possono avvenire direttamente tra due parti senza l'interferenza o la necessità di intermediari.

## La Crittografia come Colonna Portante

La crittografia non è solo uno strumento per rendere sicure le transazioni e proteggere le informazioni; è il cuore pulsante delle criptovalute. I progressi nella crittografia asimmetrica, in particolare, hanno reso possibile l'idea di chiavi pubbliche e private, che sono fondamentali per la proprietà e la transazione delle criptovalute. Questa tecnologia permette di avere una moneta che non può essere duplicata o falsificata, risolvendo il cosiddetto problema del "double-spending".

## L'importanza della Decentralizzazione

La decentralizzazione è tanto una decisione tecnica quanto ideologica. A livello tecnico, la decentralizzazione rende la rete più resistente ai guasti e agli attacchi. Se una parte della rete viene compromessa, il sistema nel suo complesso continua a funzionare. Ideologicamente, la decentralizzazione limita il potere delle entità centrali. Senza un punto centrale di controllo, le criptovalute sono immuni alla censura e all'interferenza esterna.

## L'Immutabilità e la Fiducia

Una delle caratteristiche uniche della blockchain e delle criptovalute è la loro immutabilità. Una volta che una transazione viene registrata sulla blockchain, non può essere alterata o cancellata. Questa caratteristica conferisce una grande fiducia nel sistema. Invece di affidarsi a entità terze per la verifica e la fiducia, ci si affida alla matematica e al codice. Questo sposta la nozione di fiducia da entità centralizzate a un sistema distribuito e trasparente.

## La Disintermediazione come Rivoluzione

Un punto cruciale nella nascita delle criptovalute è l'idea di disintermediazione. In molti settori, gli intermediari svolgono un ruolo fondamentale, garantendo che tutto funzioni correttamente. Tuttavia, essi possono aggiungere complessità, costi e potenziali punti di fallimento. Le criptovalute propongono un sistema in cui gli intermediari non sono solo non necessari, ma eliminati. Questo ha il potenziale di ridurre i costi, aumentare l'efficienza e creare un sistema più equo e aperto.

## Valuta oltre i Confini

Un altro aspetto fondamentale delle criptovalute è la loro natura senza frontiere. Mentre le monete tradizionali sono legate a nazioni e governi, le criptovalute operano su una rete globale. Questo significa che possono essere inviate e ricevute ovunque ci sia una connessione internet, senza doversi preoccupare dei tassi di cambio o delle tariffe internazionali. Questo ha un potenziale rivoluzionario per le economie globali, facilitando il commercio e le transazioni oltre i confini nazionali.

## Un Cambiamento nel Potere Economico

La nascita delle criptovalute non è solo un'innovazione tecnica; rappresenta anche un cambiamento nel potere economico. Dà alle persone la capacità di avere il controllo completo sulle loro risorse senza la necessità di banche o altri intermediari finanziari. Questa democratizzazione della finanza potrebbe avere un impatto profondo sul modo in cui le persone interagiscono con il denaro e sul modo in cui le economie funzionano a livello globale.

L'evoluzione delle criptovalute rappresenta molto più di una semplice trasformazione tecnologica; è anche un riflesso dei cambiamenti culturali, sociali e politici del nostro tempo.

Se osserviamo più da vicino l'entusiasmo generato dalle criptovalute, vediamo che si radica nella crescente diffidenza verso le istituzioni tradizionali. Dopo la crisi finanziaria del 2008, la fiducia nel sistema bancario tradizionale e nelle istituzioni finanziarie si è erosa. Le persone hanno iniziato a cercare alternative ai sistemi consolidati, spinte dalla speranza di trovare soluzioni più trasparenti e meno suscettibili alle manovre delle grandi corporazioni e dei governi. In questo contesto, Bitcoin e le successive criptovalute sono emerse come una risposta potenzialmente rivoluzionaria.

Ma non sono solo le crisi economiche a spingere la crescita delle criptovalute. L'ascesa della cultura digitale, dove tutto è condivisibile, replicabile e potenzialmente eterno, ha creato un terreno fertile per l'adozione di valute puramente digitali. Le nuove generazioni, cresciute in un mondo in cui l'accesso istantaneo all'informazione è la norma, vedono le criptovalute non come un concetto alienante, ma come una naturale evoluzione del denaro.

Nel contesto globale, le criptovalute hanno trovato particolare risonanza in paesi con instabilità economica o restrizioni finanziarie. Paesi in cui l'inflazione galoppante ha eroso il valore delle valute locali hanno visto i cittadini volgersi alle criptovalute come rifugio di valore o come mezzo per trasferire fondi attraverso i confini senza le limitazioni dei sistemi bancari tradizionali. Questa non è solo una questione di praticità, ma spesso una necessità di sopravvivenza economica.

Parallelamente, la filosofia open-source che sottende molte criptovalute ha attratto una comunità di sviluppatori, innovatori e visionari. Questi individui, credendo fermamente nel potere della decentralizzazione e della trasparenza, hanno lavorato incessantemente per migliorare, forkare e reinventare le criptovalute in una miriade di modi, dando vita a un ecosistema vasto e in continua evoluzione.

Il concetto di "smart contracts", ad esempio, ha ulteriormente ampliato le potenzialità delle criptovalute. Questi contratti, che si auto-eseguono quando determinate condizioni vengono soddisfatte, potrebbero rivoluzionare non solo le transazioni finanziarie, ma anche molte altre aree, dalla gestione immobiliare alle procedure legali, rendendo i processi più efficienti e automatizzati.

La tracciabilità e la trasparenza offerte dalla blockchain, la tecnologia di base delle criptovalute, stanno anche trovando applicazioni in settori come la supply chain. Le aziende possono tracciare i prodotti dalla produzione al consumo, garantendo l'autenticità e combattendo la contraffazione.

Tuttavia, con queste enormi potenzialità, emergono anche sfide significative. La volatilità delle criptovalute, le preoccupazioni sulla loro utilizzazione in attività illecite e le questioni di sostenibilità ambientale legate al mining sono tutte questioni che necessitano di attenzione. Inoltre, mentre la decentralizzazione porta vantaggi, può anche rendere difficile la gestione di dispute o problemi, poiché non esiste un'autorità centrale di riferimento.

Nonostante questi ostacoli, le criptovalute continuano a evolversi e a trovare nuovi campi di applicazione. La loro storia, pur breve, è densa di innovazioni, controversie, trionfi e crisi, e riflette le complesse dinamiche del nostro mondo in rapida evoluzione. E mentre osserviamo come si svilupperanno in futuro, è chiaro che rappresentano molto più di una semplice "moneta"; sono un fenomeno che incarna le speranze, le paure, le aspirazioni e le innovazioni dell'era digitale.

Le criptovalute, in quanto fenomeno, sono un perfetto esempio di come tecnologia e società possano influenzarsi a vicenda. La loro ascesa ha catalizzato non solo il dibattito sul futuro della finanza, ma anche questioni più ampie sulla natura dell'identità digitale, sul valore dell'anonimato nella società moderna e su come le nuove forme di economia possano interagire con le strutture politiche esistenti.

Il concetto di "sovrana individualità" emerge come uno dei temi centrali nell'universo cripto. Esso suggerisce che in un mondo sempre più interconnesso e digitalizzato, gli individui avrebbero la capacità e i mezzi per operare al di fuori delle convenzionali strutture istituzionali e governative. Le criptovalute, fornendo un mezzo per conservare e trasferire valore al di fuori del tradizionale sistema bancario, sono viste da molti come uno strumento per realizzare questa visione.

Nello scenario internazionale, l'ascesa delle criptovalute ha creato nuove dinamiche geopolitiche. Alcuni stati, preoccupati per la perdita di controllo sulla sovranità monetaria, hanno introdotto rigorose regolamentazioni o addirittura proibizioni. Altri, riconoscendo le potenzialità offerte da questa nuova classe di attività, hanno cercato di posizionarsi come hub per l'innovazione cripto, attrarre talenti e capitali.

Anche la dimensione ambientale è diventata un punto focale del dibattito. Il processo di mining, specialmente per valute come il Bitcoin, richiede una notevole quantità di energia, portando a preoccupazioni riguardo l'impatto ecologico. Questo ha stimolato ricerche e innovazioni mirate a rendere la tecnologia blockchain più sostenibile, con proposte come il passaggio da un modello di consenso basato sulla Proof of Work (PoW) a uno basato sulla Proof of Stake (PoS).

L'aspetto socioculturale delle criptovalute è altrettanto affascinante. Mentre molte persone sono attratte dalla promessa di grandi guadagni, altre sono attratte dalla filosofia che sta alla base delle criptovalute. Gruppi e comunità si sono formati attorno a diverse monete, e queste "tribù cripto" hanno spesso visioni molto specifiche sul futuro della tecnologia e della finanza. Eventi come hard forks, dove una criptovaluta si divide in due entità separate, possono essere visti non solo come disputa tecnica, ma anche come risultato di profonde divergenze filosofiche.

Le implicazioni legali e normative delle criptovalute continuano a essere un campo minato. Mentre alcuni vedono la regolamentazione come una necessità per proteggere gli investitori e garantire la stabilità del sistema finanziario, altri la vedono come un'ingerenza nella libertà offerta dalle criptovalute. Questo ha portato a tensioni tra innovatori e regolatori.

Infine, non si può ignorare l'impatto delle criptovalute sulla finanza tradizionale. Mentre inizialmente molti nell'industria finanziaria hanno deriso le criptovalute come una moda passeggera, l'enorme crescita del mercato ha costretto banche, fondi di investimento e altre istituzioni finanziarie a prendere sul serio questa nuova classe di attività. Questa convergenza tra finanza tradizionale e digitale potrebbe segnare l'inizio di una nuova era per l'industria finanziaria globale, con conseguenze ancora inimmaginabili.

L'introduzione delle criptovalute rappresenta un punto di svolta nella storia economica e sociale del XXI secolo. Questa trasformazione non è stata semplicemente guidata dalla pura innovazione tecnologica, ma piuttosto dall'interazione di vari fattori.

**Riflessione storica e culturale**: Le criptovalute non sono solo un prodotto della moderna tecnologia blockchain, ma sono state anche influenzate dalla crescente sfiducia nelle istituzioni tradizionali, in particolare dopo la crisi finanziaria del 2008. Questo periodo ha segnato una crescita dell'individualismo e della ricerca di autonomia rispetto ai tradizionali centri di potere finanziario. Bitcoin, nato come risposta a queste preoccupazioni, ha simboleggiato una rivolta contro i tradizionali gatekeeper dell'economia globale.

**Implicazioni geopolitiche**: La risposta globale alle criptovalute è stata variegata. Mentre alcune nazioni le hanno abbracciate come un'opportunità per rinnovare e migliorare i loro ecosistemi finanziari, altre hanno reagito con resistenza e persino repressione. La tensione tra queste due risposte continua a plasmare l'evoluzione del panorama cripto.

**Sostenibilità ambientale**: L'ambiente è un argomento sempre più presente nel discorso globale, e le criptovalute non ne sono esenti. La questione della sostenibilità nel mining ha stimolato dibattiti e innovazioni nel settore, cercando di conciliare la promessa delle criptovalute con la necessità di proteggere il nostro pianeta.

**Aspetto socioculturale**: Oltre alla loro funzione come asset o valuta, le criptovalute hanno stimolato la creazione di comunità e culture specifiche. Questi movimenti sono spesso uniti non solo da obiettivi finanziari, ma anche da visioni del mondo e ideologie.

**Implicazioni legali e normative**: La regolamentazione delle criptovalute rimane uno dei più grandi ostacoli e opportunità per il loro futuro. Trovare un equilibrio tra la protezione degli investitori, la stimolazione dell'innovazione e la preservazione dei principi fondamentali della decentralizzazione sarà fondamentale per la maturazione del settore.

**Interazione con la finanza tradizionale**: Le criptovalute stanno sfumando i confini tra la finanza tradizionale e l'innovazione digitale. Questo cross-over ha il potenziale di creare nuovi paradigmi finanziari, con l'integrazione di nuove tecnologie e metodi in sistemi bancari e finanziari consolidati.

In conclusione, le criptovalute non sono un semplice fenomeno tecnologico o finanziario. Rappresentano una convergenza di tendenze sociali, economiche, politiche e tecnologiche. La loro storia, sebbene breve, offre profonde intuizioni sulla natura in evoluzione della nostra società globale e suggerisce potenziali traiettorie per il futuro della finanza, della tecnologia e dell'interazione umana. Essere consapevoli di queste sfaccettature è fondamentale per chiunque voglia comprendere, investire o interagire con l'ecosistema delle criptovalute nel suo complesso.


2. Blockchain e Tecnologia: Come funziona la blockchain, i suoi vantaggi e i principali usi al di fuori delle criptovalute.


**Blockchain e Tecnologia**:

La blockchain, spesso descritta come un "registro digitale", rappresenta una delle innovazioni tecnologiche più rivoluzionarie degli ultimi decenni. Il suo impatto va ben oltre le criptovalute, anche se quest'ultime rimangono la sua applicazione più famosa.

**Come funziona la blockchain**: Al suo nucleo, la blockchain è una catena di blocchi, con ogni blocco contenente un gruppo di transazioni. Una volta che un blocco è completato, viene aggiunto alla catena in un ordine lineare e cronologico. Questa struttura assicura che ogni transazione segua quella precedente e preceda quella successiva, creando un registro inalterabile.

Ciò che rende la blockchain particolarmente sicura è il suo modello di consenso decentralizzato. Prima che una transazione venga aggiunta alla blockchain, essa deve essere verificata da una rete di computer (noti come nodi). Questo processo elimina la necessità di una terza parte centrale o di un intermediario, riducendo il rischio di manipolazione o frode.

**Vantaggi della blockchain**:

1. **Trasparenza**: Tutte le transazioni sulla blockchain sono pubbliche. Sebbene le identità degli utenti rimangano anonime, le loro transazioni sono visibili a chiunque nella rete.

2. **Sicurezza**: Grazie alla crittografia e al modello di consenso, manipolare o alterare una transazione sulla blockchain è estremamente difficile.

3. **Decentralizzazione**: Senza un ente centrale, la blockchain è resiliente agli attacchi, ai guasti e alle interferenze.

4. **Inalterabilità**: Una volta che un dato è aggiunto alla blockchain, non può essere modificato senza alterare tutti i blocchi successivi, il che richiederebbe il consenso della maggior parte della rete.

5. **Automazione e Smart Contracts**: La blockchain permette la creazione di "smart contracts", contratti che si auto-eseguono quando vengono soddisfatte determinate condizioni.

**Usi al di fuori delle criptovalute**:

1. **Gestione della Supply Chain**: La blockchain offre tracciabilità in tempo reale degli articoli lungo la catena di approvvigionamento, garantendo autenticità e trasparenza.

2. **Identità Digitale**: La blockchain può fornire una soluzione sicura e inalterabile per la gestione delle identità digitali, riducendo frodi e furti d'identità.

3. **Registro fondiario e immobiliare**: La registrazione e la verifica della proprietà terriera e immobiliare possono beneficiare dell'inalterabilità della blockchain.

4. **Salute**: Registri medici sicuri, trasferimenti di dati tra medici e ricerca.

5. **Voto**: La blockchain può essere utilizzata per creare sistemi di voto sicuri, trasparenti e resistenti alle manipolazioni.

6. **Musica e diritti d'autore**: Gli artisti possono utilizzare la blockchain per tracciare e monetizzare la loro opera, garantendo che ricevano una compensazione equa.

7. **Finanza e banche**: Oltre alle criptovalute, la blockchain può semplificare, velocizzare e rendere più sicure molte transazioni finanziarie,

dai trasferimenti di denaro alla gestione degli asset.

In sintesi, la blockchain è una tecnologia potente e versatile che va ben oltre il mondo delle criptovalute. Con la sua capacità di promuovere la trasparenza, l'inalterabilità e la decentralizzazione, ha il potenziale di rivoluzionare molti settori e modi in cui operiamo nel mondo digitale di oggi.

La blockchain, nella sua essenza, rappresenta una nuova modalità di fiducia digitale. Questa fiducia è costruita attraverso la matematica, la crittografia e la decentralizzazione. Di fatto, mentre in passato ci affidavamo a intermediari fidati, come banche o governi, per validare e attestare le nostre transazioni, con la blockchain possiamo farlo in modo peer-to-peer.

Oltre ai già citati usi, possiamo scavare più in profondità riguardo alcune applicazioni innovative e meno note della blockchain:

**Assicurazioni**: Le compagnie assicurative spesso devono fare i conti con processi lenti e burocratici. La blockchain può accelerare e semplificare questi processi attraverso contratti intelligenti che distribuiscono automaticamente i pagamenti quando si verificano eventi assicurati, riducendo contestualmente frodi e contestazioni.

**Ricerca accademica**: La blockchain può essere utilizzata per garantire l'autenticità delle ricerche pubblicate, fornendo un registro immutabile delle scoperte e delle pubblicazioni, riducendo così i rischi di manipolazione o falsificazione dei dati.

**Gestione energetica**: Alcuni progetti stanno esplorando la possibilità di usare la blockchain per tracciare e bilanciare l'uso dell'energia in reti di distribuzione locale, permettendo agli utenti di vendere eccessi di energia (ad esempio da pannelli solari) ai loro vicini.

**Economia del token**: Oltre alle classiche criptovalute, esistono numerosi progetti che cercano di "tokenizzare" beni reali, dall'arte all'immobiliare. Ciò può rendere più facile e veloce acquistare, vendere o scambiare frazioni di beni che altrimenti sarebbero illiquidi.

**Filantropia**: La trasparenza offerta dalla blockchain ha il potenziale di rivoluzionare il settore della beneficenza, poiché i donatori possono tracciare in modo transparente come vengono utilizzati i loro fondi, garantendo che le donazioni raggiungano effettivamente le cause desiderate.

**Gaming**: Il mondo dei videogiochi sta vedendo l'ascesa degli "NFT", token non fungibili che rappresentano beni digitali unici. Questi possono rappresentare oggetti di gioco, come spade o armature, che possono essere acquistati, venduti o persino trasferiti tra giochi diversi.

**IoT (Internet delle Cose)**: Con miliardi di dispositivi connessi, l'IoT ha bisogno di una rete sicura e inalterabile per gestire e registrare le transazioni. La blockchain può fornire questa rete, facilitando scambi sicuri di dati tra dispositivi.

**Registri aziendali**: Le aziende possono utilizzare la blockchain per mantenere registri immutabili di transazioni, attività e decisioni, garantendo al contempo che siano verificabili e protetti dalla manipolazione.

Mentre continuano ad emergere nuovi e affascinanti usi per la blockchain, è fondamentale riconoscere anche le sfide. Problemi come la scalabilità, l'efficienza energetica e l'interoperabilità devono ancora essere pienamente affrontati. Ma, con ogni sfida, viene anche un'opportunità. Gli innovatori di tutto il mondo stanno lavorando per superare questi ostacoli, e la promessa della blockchain sembra destinata a influenzare molti aspetti della nostra vita digitale per gli anni a venire.

La forza della blockchain è spesso vista nel suo nucleo decentralizzato e distribuito, ma una delle sue caratteristiche distintive è la sua capacità di offrire "verità singole". Questo significa che, anche se mantenuta da una rete distribuita di nodi, esiste una sola versione della blockchain, condivisa e accettata da tutti. Ciò elimina ambiguità e discrepanze nei dati, che sono comuni nei sistemi tradizionali.

**Industria alimentare**: Una delle applicazioni emergenti della blockchain riguarda la tracciabilità degli alimenti. Dal campo alla tavola, ogni passaggio del viaggio di un alimento può essere registrato sulla blockchain, garantendo l'autenticità del prodotto e permettendo ai consumatori di comprendere l'origine di ciò che stanno mangiando. In caso di focolai di malattie trasmesse da alimenti, questo tipo di sistema potrebbe facilitare il ritiro rapido e mirato dei prodotti contaminati.

**Settore farmaceutico**: Analogamente all'industria alimentare, la tracciabilità e l'autenticità dei farmaci sono di vitale importanza. La contraffazione di farmaci è un problema globale. Implementando sistemi basati su blockchain, le aziende farmaceutiche potrebbero garantire l'autenticità di ogni confezione di medicinale, dal produttore al paziente.

**Educazione**: La blockchain ha anche potenziale nel mondo accademico. Immagina di avere un registro digitale inalterabile di tutte le tue qualifiche, dai diplomi scolastici alle certificazioni universitarie. Ciò ridurrebbe il rischio di frodi accademiche e renderebbe più semplice per i datori di lavoro verificare le qualifiche di un candidato.

**Commercio e logistica**: L'efficienza della catena di approvvigionamento può essere ottimizzata mediante l'uso della blockchain. Ad esempio, le spedizioni internazionali spesso richiedono l'interazione di molteplici intermediari, ognuno dei quali potrebbe utilizzare un sistema diverso per tracciare le merci. Una soluzione blockchain potrebbe unificare questi processi, garantendo che tutti gli attori della catena vedano la stessa versione delle informazioni e riducendo tempi e costi.

**Arte e collezionismo**: Oltre alla tokenizzazione delle opere d'arte, la blockchain può essere utilizzata per garantire l'autenticità e la provenienza di un'opera. Gli artisti possono registrare le loro opere su una blockchain, garantendo ai futuri acquirenti che l'opera è autentica e tracciando la sua storia di proprietà.

**DRM (Digital Rights Management)**: Gli editori di contenuti digitali, come musica, film o software, possono utilizzare la blockchain per tracciare e gestire le licenze dei loro prodotti. Ciò potrebbe portare a sistemi DRM più flessibili e orientati all'utente.

**Governance e amministrazione pubblica**: Alcune città e nazioni stanno esplorando come la blockchain potrebbe essere utilizzata per migliorare i servizi pubblici, dalla registrazione delle nascite e delle morti, alla gestione delle licenze d'impresa, alla riscossione delle tasse.

Nonostante le sue numerose applicazioni, è essenziale ricordare che la blockchain non è una panacea. Non è sempre la soluzione migliore per ogni problema e, come ogni tecnologia, ha i suoi limiti. Tuttavia, ciò che è chiaro è che la sua applicazione potenziale va ben oltre le criptovalute e potrebbe avere implicazioni profonde in quasi ogni settore dell'economia e della società nel suo complesso.

La blockchain, con le sue proprietà intrinseche di sicurezza, decentralizzazione e inalterabilità, rappresenta uno strumento rivoluzionario che sta trovando applicazione in un'ampia varietà di settori, al di fuori della sua origine legata alle criptovalute.

Inizialmente, la blockchain era percepita prevalentemente come la tecnologia dietro al Bitcoin. Tuttavia, con il passare degli anni, la sua profonda applicabilità è emersa con chiarezza, offrendo soluzioni a problemi di lunga data in vari settori. Ad esempio, nella tracciabilità alimentare, può offrire una chiarezza senza precedenti riguardo all'origine e alla qualità degli alimenti. Nel mondo farmaceutico, può combattere efficacemente la contraffazione dei medicinali, proteggendo così le vite dei pazienti. Nel settore dell'arte e del collezionismo, la blockchain può garantire l'autenticità di un'opera, proteggendo sia gli artisti sia gli acquirenti.

Ciò che rende unica la blockchain è la sua capacità di agire come un registro distribuito e immutabile. Questo significa che, una volta registrate, le informazioni non possono essere modificate retroattivamente senza l'accordo di tutti gli attori della rete. Questa caratteristica da sola elimina molti rischi associati alla falsificazione, alla frode e alla corruzione. Inoltre, la sua struttura decentralizzata significa che non vi è un singolo punto di fallimento, rendendola resistente a attacchi e interferenze esterne.

Ma, come con ogni tecnologia emergente, la blockchain presenta anche delle sfide. La questione della scalabilità, la necessità di maggiore efficienza energetica e le questioni relative all'interoperabilità sono tutte questioni che devono essere affrontate man mano che la tecnologia evolve e si adatta.

Inoltre, mentre la decentralizzazione ha i suoi vantaggi, presenta anche sfide dal punto di vista della governance. Chi prende le decisioni in una rete distribuita? Come si gestiscono i conflitti? Queste sono domande che la comunità blockchain sta ancora cercando di rispondere.

In conclusione, anche se la blockchain è ancora in una fase relativa di "infanzia" rispetto ad altre tecnologie, il suo potenziale di trasformare e migliorare innumerevoli settori è innegabile. Man mano che le sue sfide vengono superate e la sua adozione diventa più ampia, è probabile che vedremo un impatto ancora maggiore della blockchain nel nostro mondo. Le aziende, gli innovatori e i decisori politici farebbero bene a prestare attenzione, adottando la tecnologia dove ha senso e preparandosi per un futuro in cui la blockchain potrebbe benissimo essere alla base di molte delle nostre interazioni digitali quotidiane.

3. Acquistare Criptovalute: Guida passo-passo su come e dove acquistare criptovalute, considerando piattaforme di scambio, wallet e sicurezza.

L'acquisto di criptovalute è un processo che ha visto un'evoluzione significativa negli ultimi anni, diventando sempre più semplice e accessibile. Tuttavia, essendo l'ambito delle criptovalute ancora relativamente nuovo per molte persone, è fondamentale comprendere come procedere in modo sicuro ed efficace. Ecco una guida dettagliata su come acquistare criptovalute:

## 1. Ricerca Iniziale

**Informarsi**: Prima di tuffarsi nell'acquisto di criptovalute, è essenziale informarsi sui vari tipi di valute disponibili, sul loro potenziale e sui rischi associati. Ogni criptovaluta ha una finalità, un utilizzo e un valore diverso sul mercato.

## 2. Scegliere una Piattaforma di Scambio (Exchange)

**Cosa sono gli exchange**: Gli exchange di criptovalute sono piattaforme online dove gli utenti possono acquistare, vendere o scambiare criptovalute. Esistono diversi tipi di exchange, tra cui quelli centralizzati (come Coinbase, Binance e Kraken) e quelli decentralizzati (come Uniswap o Sushiswap).

**Verifica**: Prima di poter acquistare criptovalute su un exchange centralizzato, in genere è necessario sottoporsi a un processo di verifica dell'identità. Questo può includere la fornitura di documenti personali.

**Metodi di pagamento**: Diversi exchange accettano diversi metodi di pagamento, inclusi bonifici bancari, carte di credito, PayPal e altri.

## 3. Creazione di un Wallet Criptovaluta

**Cosa sono i wallet**: I wallet sono strumenti digitali che consentono di conservare, inviare e ricevere criptovalute. Ci sono diverse tipologie, tra cui wallet software (desktop, mobile, online) e wallet hardware (come Ledger Nano S o Trezor).

**Chiavi private**: Quando si crea un wallet, si ricevono delle chiavi private. Queste sono essenzialmente la "password" del tuo wallet e dovrebbero essere conservate con estrema sicurezza. Se perdi le tue chiavi private, perdi l'accesso alle tue criptovalute.

## 4. Acquisto di Criptovalute

**Effettua un ordine**: Una volta registrato e verificato su un exchange, puoi procedere con l'acquisto. Puoi effettuare ordini al prezzo di mercato (immediati) o impostare un prezzo specifico al quale desideri acquistare (ordine limite).

**Trasferisci al tuo wallet**: Dopo l'acquisto, è consigliabile trasferire le criptovalute dal tuo account dell'exchange al tuo wallet personale. Questo perché detenere criptovalute su un exchange le espone a potenziali rischi di sicurezza.

## 5. Sicurezza

**Fai attenzione alle truffe**: Come in qualsiasi settore finanziario, ci sono molte truffe nelle criptovalute. Sempre fare ricerche prima di effettuare investimenti o interagire con piattaforme o servizi.

**Aggiornamenti e backup**: Assicurati sempre di avere la versione più recente del software del tuo wallet e considera di effettuare backup regolari.

**Due fattori di autenticazione**: Quando possibile, attiva l'autenticazione a due fattori (2FA) sui tuoi account legati alle criptovalute per un ulteriore livello di sicurezza.

In conclusione, l'acquisto di criptovalute può sembrare complicato all'inizio, ma seguendo questi passaggi e mantenendo sempre la sicurezza come priorità, si può navigare in questo mondo con fiducia e sicurezza. Come sempre, è fondamentale fare ricerche e consultare professionisti o esperti del settore quando si ha qualche dubbio o incertezza.

Mentre l'acquisto di criptovalute è divenuto una pratica relativamente semplice grazie alle molteplici piattaforme di scambio disponibili, ci sono vari aspetti che un potenziale investitore dovrebbe prendere in considerazione.

Uno dei primi elementi da esplorare è la **liquidità** di un exchange. La liquidità si riferisce alla capacità di un mercato di permettere la compravendita di asset senza causare significative variazioni di prezzo. Maggiore è la liquidità di un exchange, minori saranno le probabilità di subire grandi variazioni di prezzo durante l'esecuzione di un ordine. Gli exchange con alto volume di trading tendono ad avere una maggiore liquidità, il che può essere particolarmente vantaggioso quando si tratta di criptovalute meno note o con meno capitalizzazione.

Un altro aspetto da considerare è la **qualità del servizio clienti** offerto dall'exchange. Non tutti gli exchange sono uguali sotto questo aspetto, e avere un supporto clienti tempestivo e competente può fare una grande differenza, specialmente se si incontrano problemi durante una transazione.

Il **paese di origine e le leggi locali** dell'exchange sono fattori cruciali. Alcuni paesi hanno regolamenti più stringenti per gli exchange di criptovalute, il che può offrire una maggiore protezione agli investitori. Tuttavia, potrebbe anche significare che ci sono restrizioni su chi può utilizzare l'exchange o su quali criptovalute possono essere scambiate.

La **diversità di offerta** è un altro punto da esaminare. Mentre alcuni exchange offrono solo le principali criptovalute, come Bitcoin ed Ethereum, altri potrebbero offrire centinaia di opzioni diverse. Questa diversità può essere particolarmente utile se si ha l'intenzione di diversificare il proprio portafoglio di criptovalute o se si è interessati a investire in monete digitali emergenti.

Quando si tratta di conservare criptovalute, la scelta del tipo di wallet è fondamentale. I **wallet freddi**, o cold wallet, come quelli hardware, sono dispositivi fisici che conservano le chiavi private offline. Questi offrono una protezione superiore poiché sono immuni agli attacchi informatici, ma potrebbero essere persi o rubati. I **wallet caldi**, o hot wallet, sono collegati a internet e sono più esposti ai rischi di hacking, ma offrono maggiore flessibilità e accessibilità.

Infine, è essenziale essere consapevoli dei **costi associati**. Gli exchange spesso addebitano commissioni per depositi, prelievi e transazioni. Queste commissioni possono variare notevolmente tra le piattaforme, quindi vale la pena fare una ricerca e confrontare i prezzi prima di decidere dove acquistare.

Al di là di questi aspetti, è sempre una buona pratica essere prudenti e non investire denaro che non ci si può permettere di perdere. L'ambito delle criptovalute può offrire grandi opportunità, ma viene anche accompagnato da significativi rischi. La volatilità è notoriamente alta, e le valutazioni possono cambiare rapidamente e senza preavviso.

Molti investitori, soprattutto quelli novizi nell'ambito delle criptovalute, tendono ad affrontare il processo d'acquisto con un approccio esclusivamente tecnico, concentrandosi su come effettivamente comprare e conservare i propri asset. Tuttavia, esistono svariati altri aspetti che possono influire significativamente sull'esperienza complessiva di un investitore.

**Valuta e Geografia**: La valuta con la quale si effettua l'acquisto può fare una grande differenza. Mentre la maggior parte degli exchange globali accetta dollari statunitensi o euro, potrebbero esserci restrizioni o commissioni aggiuntive per chi utilizza valute meno comuni. Oltre alla valuta, anche la geografia gioca un ruolo cruciale. Ad esempio, alcuni exchange potrebbero non essere disponibili in determinate regioni o paesi a causa di regolamentazioni locali.

**Interfaccia e Usabilità**: Non tutti gli exchange sono progettati con la stessa attenzione all'usabilità. Per un principiante, un'interfaccia intuitiva e chiara può fare la differenza tra un'esperienza fluida e una frustrante. Alcuni exchange sono più adatti agli utenti avanzati, con numerose funzionalità e strumenti, mentre altri sono più semplici e diretti, ideali per chi è alle prime armi.

**Istruzione e Risorse**: Alcuni exchange offrono risorse educative, come articoli, video e webinar, per aiutare gli utenti a comprendere meglio il mercato delle criptovalute. Queste risorse possono essere estremamente utili per gli investitori novizi che desiderano informarsi prima di fare il grande passo.

**Limiti di Acquisto**: Molti exchange hanno limiti giornalieri o mensili per quanto riguarda l'acquisto di criptovalute, soprattutto per gli account non verificati. Questi limiti possono essere aumentati fornendo ulteriori dettagli o sottoponendosi a verifiche più approfondite.

**Tempo di Elaborazione**: Il tempo necessario per che una transazione venga elaborata può variare da un exchange all'altro. Mentre alcune piattaforme possono elaborare le transazioni quasi istantaneamente, altre potrebbero richiedere ore o addirittura giorni, soprattutto se si tratta di grosse somme.

**Sicurezza Supplementare**: Alcuni exchange offrono strumenti di sicurezza avanzati, come l'uso di portafogli multivoto (multi-sig wallets) per conservare fondi. Questi portafogli richiedono l'approvazione da più parti prima che una transazione possa essere completata, aggiungendo un ulteriore livello di sicurezza.

**API e Integrazioni**: Per gli investitori più tecnici o per coloro che desiderano integrare le loro operazioni di criptovalute con altri sistemi, la disponibilità e la qualità delle API offerte da un exchange possono essere un fattore determinante. Con le API, gli utenti possono automatizzare certe operazioni, collegarsi a bot di trading o integrare le loro attività di criptovaluta con software di contabilità.

**Feedback della Comunità**: La reputazione di un exchange all'interno della comunità delle criptovalute è un ottimo indicatore della sua affidabilità e del suo track record. I forum, i subreddit e le piattaforme di social media possono offrire preziose informazioni basate sull'esperienza degli utenti.

Infine, bisogna sempre ricordare che, nonostante tutte le precauzioni, il mercato delle criptovalute rimane speculativo e volatile. È fondamentale tenersi aggiornati sulle ultime notizie, le tendenze e le migliori pratiche per garantire investimenti sicuri e ben ponderati.

In sintesi, l'acquisto di criptovalute è un processo che va ben oltre la semplice transazione monetaria. Esso richiede una comprensione approfondita delle piattaforme di scambio, delle tecniche di sicurezza e delle dinamiche di mercato. Concludendo, ecco i punti chiave da ricordare:

1. **Scelta dell'Exchange**: La selezione di una piattaforma affidabile è fondamentale. Ogni exchange ha le sue peculiarità in termini di sicurezza, liquidità, offerta di criptovalute e costi di transazione. Studiare a fondo la reputazione e le recensioni dell'exchange scelto può aiutare a evitare potenziali insidie.

2. **Approccio Finanziario**: È essenziale stabilire un budget e attenersi ad esso. Come in qualsiasi altro investimento, non bisognerebbe mai investire più di quanto si è disposti a perdere. La diversificazione, ovvero la distribuzione degli investimenti tra diverse criptovalute, può anche aiutare a ridurre i rischi.

3. **Sicurezza**: Questa dovrebbe essere sempre una priorità. Utilizzare misure come l'autenticazione a due fattori, portafogli hardware e password complesse può fare una significativa differenza nel proteggere i propri investimenti.

4. **Educarsi**: La formazione continua è fondamentale in un settore in rapida evoluzione come quello delle criptovalute. Mantenere un'attitudine aperta all'apprendimento e restare aggiornati sulle ultime notizie e tendenze può offrire un vantaggio competitivo.

5. **Pianificazione a Lungo Termine**: Mentre alcuni investitori cercano di approfittare delle fluttuazioni di prezzo a breve termine (conosciuto come "day trading"), molti esperti suggeriscono di adottare un approccio a lungo termine, considerando l'investimento in criptovalute come una componente di una strategia finanziaria più ampia.

6. **Regolamentazione e Tassazione**: Tenere traccia delle transazioni e comprendere le implicazioni fiscali nel proprio paese è essenziale. La regolamentazione delle criptovalute varia da un paese all'altro e può avere implicazioni significative sul rendimento netto degli investimenti.

7. **Valutare Le Opzioni di Custodia**: Oltre a decidere dove acquistare, è fondamentale decidere dove conservare le criptovalute. Che si tratti di un portafoglio software, hardware o di un servizio di custodia offerto da terze parti, ogni opzione ha i suoi vantaggi e svantaggi.

L'ingresso nel mondo delle criptovalute è un viaggio entusiasmante che offre opportunità senza precedenti. Tuttavia, come qualsiasi altro tipo di investimento, è essenziale affrontarlo con prudenza, preparazione e una chiara comprensione dei rischi coinvolti. Se questi principi fondamentali vengono mantenuti in mente, gli investitori saranno meglio posizionati per navigare nel dinamico panorama delle criptovalute con sicurezza e successo.

4. Trading di Criptovalute: Principi fondamentali, come funziona, strategie di base e strumenti utilizzati dai trader.

Il trading di criptovalute è una delle attività più dinamiche e speculative all'interno dell'ecosistema finanziario odierno. Contrariamente all'acquisto a lungo termine, dove l'investitore detiene la criptovaluta sperando in un apprezzamento nel tempo, il trading tende ad avere un orizzonte temporale più breve, spesso volto a sfruttare le fluttuazioni di prezzo nel breve e medio termine.

**Principi Fondamentali del Trading di Criptovalute:**

1. **Volatilità**: Una delle caratteristiche distintive delle criptovalute è la loro volatilità. I prezzi possono subire grandi variazioni in brevi periodi di tempo, offrendo opportunità (e rischi) significative per i trader.

2. **Liquidità**: La capacità di entrare e uscire rapidamente da una posizione, dettata dalla disponibilità di compratori e venditori sul mercato. Maggiore è la liquidità di una criptovaluta, più facilmente può essere scambiata senza che il prezzo ne risenta in modo significativo.

3. **Leva finanziaria**: Molti exchange di criptovalute offrono la possibilità di fare trading con leva, permettendo ai trader di controllare posizioni di valore superiore rispetto al capitale investito. Questo può amplificare i guadagni, ma anche le perdite.

## Come Funziona il Trading di Criptovalute:

1. **Apertura di un Conto**: Prima di poter fare trading, è necessario registrarsi su un exchange. La scelta dell'exchange dipenderà dalle proprie preferenze in termini di sicurezza, commissioni, liquidità e le criptovalute disponibili per il trading.

2. **Deposito di Fondi**: Una volta aperto un conto, bisogna depositare fondi, che possono essere sia in fiat (valuta tradizionale come euro o dollari) che in criptovaluta.

3. **Pianificazione e Analisi**: Prima di effettuare una transazione, i trader spesso si affidano all'analisi tecnica (esaminando grafici e utilizzando indicatori) o all'analisi fondamentale (valutando notizie e fattori macroeconomici) per prendere decisioni informate.

4. **Esecuzione di Ordini**: Una volta deciso quale criptovaluta acquistare o vendere e a quale prezzo, si pone un ordine sul mercato. Esistono diversi tipi di ordini, come ordini a mercato, ordini limite e ordini stop.

**Strategie di Base**:

1. **Day Trading**: Questa strategia comporta l'apertura e la chiusura di posizioni entro una singola giornata di trading, cercando di sfruttare piccole fluttuazioni di prezzo.

2. **Swing Trading**: I trader seguono tendenze di medio termine, mantenendo le posizioni aperte per giorni o settimane, cercando di catturare movimenti di prezzo più ampi.

3. **HODLing**: Deriva dal termine "hold" scritto in modo errato. Si riferisce alla strategia di acquistare e detenere criptovalute indipendentemente dalle fluttuazioni di mercato, con una visione a lungo termine.

**Strumenti Utilizzati dai Trader**:

1. **Grafici**: I trader utilizzano grafici per monitorare l'andamento dei prezzi nel tempo e identificare potenziali pattern o tendenze.

2. **Indicatori Tecnici**: Strumenti come medie mobili, RSI (Relative Strength Index) e MACD (Moving Average Convergence Divergence) sono utilizzati per analizzare i movimenti di prezzo e volume.

3. **Notizie e Aggregatori**: Mantenersi aggiornati sulle notizie può essere cruciale, dato che eventi

esterni possono influenzare i prezzi delle criptovalute. Siti web come CoinMarketCap o CoinGecko possono offrire panorami aggiornati su prezzi, volumi e altre metriche chiave.

In conclusione, il trading di criptovalute è un'attività che richiede preparazione, disciplina e una costante formazione. La natura volatile delle criptovalute offre opportunità uniche, ma anche rischi considerevoli. Pertanto, è essenziale che i trader operino in modo informato e cauto, idealmente iniziando con piccole somme e utilizzando solo denaro che possono permettersi di perdere.

La complessità e la profondità del trading di criptovalute sono tanto vaste che un singolo capitolo potrebbe non bastare per coprire ogni sfumatura. Al di là delle nozioni fondamentali già menzionate, esistono molteplici aspetti e sfaccettature del trading di criptovalute che meritano ulteriore approfondimento.

Il trading algoritmico, ad esempio, sta diventando sempre più popolare. Qui, i trader programmano algoritmi per effettuare ordini in base a specifici criteri, senza intervento umano. Questo può significare effettuare centinaia o migliaia di operazioni in un breve lasso di tempo, sfruttando micro variazioni nel prezzo delle criptovalute. Questo tipo di trading richiede una profonda conoscenza sia del mercato delle criptovalute sia della programmazione, ed è stato protagonista di alcune delle operazioni di trading più profittevoli nella storia delle criptovalute.

Un altro aspetto fondamentale è il ruolo dei "whales", o grandi detentori di criptovalute. Questi attori possono possedere enormi quantità di una determinata criptovaluta e, di conseguenza, hanno la potenzialità di influenzare significativamente il prezzo attraverso grandi operazioni di acquisto o vendita. Per i trader più piccoli, monitorare le attività di questi "whales" può offrire intuizioni preziose sulle possibili future direzioni del mercato.

La psicologia del trading è un altro campo vasto e cruciale. I mercati delle criptovalute, come tutti gli altri mercati, sono influenzati non solo da eventi esterni, ma anche dalle percezioni, paure e avidità dei partecipanti. Riconoscere e gestire le proprie emozioni è essenziale per qualsiasi trader che desideri avere successo a lungo termine. Ad esempio, il fenomeno noto come "FOMO" (Fear of Missing Out) può spingere i trader ad acquistare in modo impulsivo, spesso in prossimità di picchi di prezzo, portando poi a potenziali perdite significative.

Anche l'analisi delle metriche on-chain sta guadagnando popolarità tra i trader più sofisticati. Questo approccio si concentra sull'analisi delle transazioni e attività che si verificano direttamente sulla blockchain, come volumi di scambio, movimenti di fondi tra grandi portafogli, tassi di hash e altre metriche. Queste informazioni possono fornire un'immagine più chiara dell'attuale stato di salute di una particolare criptovaluta e aiutare a prevedere i futuri movimenti di prezzo.

Inoltre, non possiamo ignorare l'importanza dell'ambiente normativo. La percezione della regolamentazione in un particolare paese o regione può avere un impatto significativo sui prezzi delle criptovalute. Ad esempio, notizie riguardanti restrizioni normative più severe o, al contrario, segnali di maggiore accettazione da parte delle autorità, possono causare brusche variazioni di prezzo. Essere consapevoli dell'ambiente normativo e monitorare le notizie relative può quindi fornire un vantaggio competitivo.

Infine, c'è il mondo sempre in evoluzione dei derivati sulle criptovalute. Prodotti come i futures, le opzioni e i contratti per differenza (CFD) stanno diventando sempre più comuni nel settore delle criptovalute. Questi strumenti offrono ai trader la possibilità di sfruttare l'andamento dei prezzi delle criptovalute senza possedere effettivamente l'asset sottostante, introducendo al contempo una serie di nuove dinamiche e rischi nel trading di criptovalute.

Un aspetto che merita ulteriore approfondimento è l'interazione tra le criptovalute e le tecnologie emergenti. Man mano che nuove tecnologie entrano nel dominio delle finanze digitali, i modelli di trading e i metodi analitici si evolvono di conseguenza.

**Tokenizzazione e Trading**: La tokenizzazione, ovvero la conversione di asset reali in token digitali sulla blockchain, sta diventando una tendenza predominante. Ciò significa che asset come immobili, opere d'arte, o persino azioni di società possono ora essere rappresentati come token su una blockchain e scambiati come qualsiasi altra criptovaluta. Per i trader, ciò introduce una nuova gamma di asset su cui speculare, ma porta anche nuove sfide in termini di valutazione e analisi di questi token.

**Defi e Implicazioni per il Trading**: La finanza decentralizzata (DeFi) ha rivoluzionato il modo in cui le persone interagiscono con i prodotti finanziari. Grazie alla DeFi, sono nate nuove piattaforme di scambio, dette DEX (Decentralized Exchanges), che funzionano senza un ente centrale. Mentre le DEX offrono maggiore privacy e riducono il rischio di hacking associato agli exchange centralizzati, presentano anche sfide uniche come la liquidità spesso limitata e le fee variabili. Inoltre, nuovi strumenti finanziari come i prestiti collateralizzati o le yield farms stanno diventando popolari nella DeFi, offrendo ai trader nuove opportunità e rischi.

**L'importanza dei Gruppi e Comunità**: In un settore tanto nuovo e in rapida evoluzione come quello delle criptovalute, condividere informazioni e strategie con altri trader può essere estremamente prezioso. Ci sono innumerevoli forum, chat e gruppi su piattaforme come Telegram, Reddit e Discord dove i trader discutono delle loro previsioni, condividono analisi e cercano di decifrare insieme i movimenti del mercato. Tuttavia, è essenziale procedere con cautela: mentre molti partecipanti sono genuini e ben intenzionati, ci sono anche attori malintenzionati che diffondono disinformazione per manipolare il mercato a loro vantaggio.

**Trading Basato su Intelligenza Artificiale (IA)**: Mentre l'algoritmo di trading tradizionale si basa su parametri preimpostati, i sistemi basati su IA sono in grado di "imparare" dalle tendenze del mercato e migliorare le proprie strategie nel tempo. L'IA può analizzare enormi quantità di dati in frazioni di secondo, identificando tendenze e pattern che potrebbero sfuggire all'occhio umano. Mentre questi sistemi sono incredibilmente potenti, non sono infallibili e presentano i loro propri set di sfide, come il rischio di overfitting (adattarsi troppo a dati storici specifici e non generalizzare bene a nuovi dati).

**Sistemi di Sicurezza nel Trading**: Con l'aumento della popolarità delle criptovalute, la sicurezza è diventata una preoccupazione primaria. Mentre le blockchain stesse sono generalmente sicure grazie alla crittografia, ci sono molteplici punti di vulnerabilità, soprattutto quando si tratta di exchange e wallet. Utilizzare autenticazione a due fattori, wallet hardware e essere cauti con le phishing scams sono solo alcune delle misure essenziali che ogni trader dovrebbe adottare.

**Tassazione e Implicazioni Legali**: Man mano che le criptovalute guadagnano legittimità, anche le autorità fiscali di molti paesi stanno cercando di capire come tassarle. Per i trader, ciò significa che devono essere consapevoli delle leggi fiscali locali relative alle criptovalute e assicurarsi di essere in regola. Molti paesi trattano i guadagni da criptovalute come guadagni da capitale, ma le specifiche possono variare notevolmente da una giurisdizione all'altra.

## Conclusione sul Trading di Criptovalute:

Il trading di criptovalute, come abbiamo discusso, rappresenta un'intersezione tra tecnologia, finanza e psicologia. È un dominio in rapida evoluzione, che offre opportunità immense, ma che è anche permeato di rischi e complessità. Alla base, il trading di criptovalute ha lo stesso fulcro di qualsiasi altro tipo di trading: comprare basso e vendere alto. Tuttavia, la natura volatile delle criptovalute, combinate con le loro peculiarità tecnologiche, ha dato vita a un ecosistema di trading ricco e multiforme.

I trader moderni si avvalgono di una vasta gamma di strumenti, dalle analisi tecniche e fondamentali all'intelligenza artificiale, per cercare di prevedere i movimenti del mercato. L'innovazione nel settore, come la finanza decentralizzata, sta continuamente introducendo nuove dinamiche e modellando il paesaggio del trading.

Tuttavia, con grandi potenziali rendimenti, arrivano anche grandi rischi. La natura decentralizzata e non regolamentata delle criptovalute significa che sono meno protette rispetto alle valute tradizionali o agli asset di borsa. Gli exchange possono essere hackati, le monete possono essere rubate, e la volatilità può portare a perdite significative in brevissimo tempo. La sicurezza personale, sia in termini di protezione delle proprie risorse digitali sia in termini di protezione dei propri dati, è fondamentale.

E, mentre l'adrenalina può spingere i trader a cercare rapidi guadagni, è essenziale avere una strategia a lungo termine, educarsi costantemente e non lasciarsi guidare esclusivamente dalle emozioni. La disciplina, la formazione continua e una solida gestione del rischio sono la chiave per navigare con successo nel tumultuoso oceano del trading di criptovalute.

In ultima analisi, mentre le criptovalute rappresentano una frontiera relativamente nuova nel mondo della finanza, molte delle stesse regole e principi del trading tradizionale si applicano ancora. Investire il tempo per comprendere sia le nozioni di base sia le sfumature specifiche del trading di criptovalute può aiutare a posizionarsi per il successo a lungo termine in questo entusiasmante e dinamico settore.

5. Mining di Criptovalute: Cos'è, come funziona e se è
ancora redditizio.

## Mining di Criptovalute: Cos'è, come funziona e se è ancora redditizio.

**Definizione di Mining**: Il mining di criptovalute è il
processo attraverso il quale nuove monete vengono
create e aggiunte alla blockchain. È anche il mezzo
attraverso il quale le transazioni vengono verificate e
aggiunte al registro pubblico, ovvero la blockchain. Gli
individui o le entità che partecipano al processo di
mining sono conosciuti come "miners" o "minatori".

**Meccanica del Mining**: Il mining opera attraverso la
risoluzione di complesse equazioni matematiche.
Quando un minatore risolve un'equazione, ha il diritto
di aggiungere un nuovo blocco alla blockchain e viene
ricompensato con una certa quantità della criptovaluta.
Questo atto di risolvere l'equazione e aggiungere
blocchi è fondamentale per la sicurezza della
blockchain, poiché rende la modifica dei dati
all'interno di un blocco praticamente impossibile senza
la ricalcolazione di tutti i blocchi successivi.

**Hardware per il Mining**: Negli albori delle
criptovalute, era possibile fare mining con un normale
computer domestico. Tuttavia, con l'aumento della
difficoltà delle equazioni da risolvere e l'aumento della

concorrenza, il mining ha richiesto hardware sempre più specializzato. Oggi, i miner professionisti utilizzano ASICs (Application-Specific Integrated Circuits) che sono progettati esclusivamente per il mining. Questi dispositivi sono incredibilmente potenti, ma anche costosi e consumano molta energia elettrica.

**Redditività del Mining**: La redditività del mining dipende da una serie di fattori:

1. **Costo dell'hardware**: L'investimento iniziale in hardware potente può essere elevato.

2. **Consumo di energia**: Gli ASICs sono energivori. In aree dove l'energia elettrica è costosa, il mining potrebbe non essere economicamente vantaggioso.

3. **Ricompensa per blocco**: Con il tempo, la ricompensa per l'aggiunta di un nuovo blocco alla blockchain diminuisce. Per esempio, la ricompensa per il mining di Bitcoin si dimezza circa ogni quattro anni, un evento noto come "halving".

4. **Difficoltà di mining**: Man mano che sempre più persone si uniscono al mining e come la blockchain cresce, la difficoltà delle equazioni da risolvere aumenta.

5. **Valore della criptovaluta**: Se il prezzo di una criptovaluta scende drasticamente, il mining potrebbe non coprire i costi operativi.

**Considerazioni Ambientali**: Un'altra considerazione sempre più rilevante nel mining è l'impatto ambientale. L'energia intensiva utilizzata nel mining sta diventando una preoccupazione per l'ambiente, soprattutto in luoghi dove l'energia proviene da fonti non rinnovabili.

**Conclusione**: Il mining di criptovalute, una volta un hobby per gli entusiasti delle criptovalute con PC domestici, è diventato un'industria a tutti gli effetti. Mentre in alcune circostanze può ancora essere redditizio, gli aspiranti minatori devono fare i conti con costi iniziali elevati, crescenti difficoltà di mining e fluttuazioni nei prezzi delle criptovalute. Inoltre, le crescenti preoccupazioni ambientali potrebbero influenzare le future decisioni regolamentari relative al mining. Pertanto, chi è interessato al mining dovrebbe fare una ricerca approfondita e considerare attentamente sia le potenziali ricompense sia i rischi associati.

Il mining di criptovalute ha avuto un viaggio affascinante dal suo inizio fino ai giorni nostri. Quando Satoshi Nakamoto ha introdotto il Bitcoin, ha presentato al mondo non solo una nuova forma di moneta, ma anche un nuovo modo per creare quella moneta attraverso il mining. E con Bitcoin, è iniziata un'intera era di diverse criptovalute che adottano meccanismi simili o leggermente diversi per il mining.

Il concetto alla base del mining è che, invece di emettere moneta attraverso un'entità centrale, come una banca centrale, la creazione di nuove monete e la verifica delle transazioni avviene attraverso il lavoro collettivo di nodi distribuiti in tutto il mondo. Questa rete decentrata non solo elimina il bisogno di intermediari, ma garantisce anche che le transazioni siano sicure e immutabili.

Il protocollo di consenso Proof-of-Work (PoW) è il meccanismo più noto utilizzato per il mining. In pratica, i minatori competono tra loro per risolvere un puzzle matematico complesso, e chi lo risolve per primo ottiene il diritto di aggiungere il prossimo blocco alla blockchain e di ricevere una ricompensa per il suo lavoro. Questo sistema garantisce che ogni blocco aggiunto alla catena sia legittimo e che le transazioni al suo interno siano state validate dalla maggioranza dei partecipanti alla rete.

Tuttavia, con l'aumento del numero di partecipanti e della potenza di calcolo totale della rete, il puzzle è diventato sempre più difficile da risolvere, garantendo che un nuovo blocco venga aggiunto alla catena approssimativamente ogni 10 minuti (nel caso del Bitcoin). Questa crescente difficoltà ha dato luogo a una corsa agli armamenti nel mondo del mining, con minatori che cercano continuamente hardware più potente per avere un vantaggio competitivo.

Allo stesso tempo, l'energia necessaria per alimentare questa potenza di calcolo è diventata un argomento di grande discussione. I grandi "mining farm" si sono localizzati in regioni dove l'energia elettrica è a buon mercato, spesso sfruttando l'energia rinnovabile come l'energia idroelettrica. Nonostante ciò, le critiche sull'efficienza energetica del mining di criptovalute sono diventate sempre più frequenti, portando alla ricerca di alternative.

Una di queste alternative è il protocollo Proof-of-Stake (PoS). Invece di richiedere una vasta quantità di energia per risolvere puzzle matcmatici, il PoS richiede che i partecipanti dimostrino di detenere una certa quantità di moneta per avere il diritto di validare transazioni e creare blocchi. Questo sistema è visto da molti come una soluzione più ecologica al problema del consumo energetico del PoW.

Oltre a Bitcoin, esistono migliaia di altre criptovalute, molte delle quali utilizzano protocolli di consenso leggermente diversi, o hanno caratteristiche uniche che influenzano il processo di mining. Ad esempio, alcune monete utilizzano un mix di PoW e PoS, mentre altre hanno introdotto concetti come la "difficoltà dinamica", che regola la difficoltà del puzzle in base al numero totale di minatori attivi.

Anche la ricompensa del mining è un aspetto che varia notevolmente tra le diverse criptovalute. Mentre alcuni hanno una ricompensa fissa per blocco, altri la regolano in base a vari fattori, come il prezzo corrente della moneta o il numero totale di monete già estratte.

In sintesi, il mining di criptovalute è un ecosistema vasto e complesso che si estende ben oltre la semplice creazione di nuove monete. Esso tocca aspetti tecnici, economici, sociali ed ecologici, ed è fondamentale per la sicurezza e l'integrità di molte reti di criptovalute.

Il mining di criptovalute è un fenomeno affascinante che ha creato una nuova economia digitale e ha avviato una serie di innovazioni tecnologiche. Oltre al modello di base del Proof-of-Work (PoW) e del Proof-of-Stake (PoS), ci sono anche altri meccanismi di consenso come il Proof-of-Space (dimostrazione dello spazio di archiviazione) e il Proof-of-Authority (dimostrazione dell'autorità).

Il **Proof-of-Space**, ad esempio, è un metodo in cui un minatore può dimostrare di aver riservato una certa quantità di spazio di archiviazione per il processo di mining. Ciò significa che, piuttosto che competere per la potenza di calcolo come nel PoW, i minatori competono mostrando quanto spazio di archiviazione hanno allocato. Questo metodo può essere considerato come una soluzione più ecologica, poiché riduce la necessità di hardware energivoro.

**Proof-of-Authority**, d'altro canto, è un meccanismo in cui le transazioni e i blocchi sono validati da un certo numero di nodi approvati, noti come "autorità". Questo sistema può essere efficiente, ma sacrifica una certa quantità di decentramento in favore di velocità e efficienza.

Un altro aspetto cruciale del mining di criptovalute è l'emergere delle mining pool. Dato che il grado di difficoltà del mining di molte criptovalute è aumentato a livelli tali che per un singolo minatore può essere estremamente difficile, se non impossibile, risolvere un blocco da solo, i minatori hanno iniziato a unire le loro risorse in "piscine" per aumentare la loro potenza di calcolo collettiva. In una mining pool, quando un blocco viene risolto e la ricompensa viene rilasciata, viene divisa tra i membri della pool in base alla potenza di calcolo che ciascuno ha contribuito.

Tuttavia, le mining pool hanno anche portato a preoccupazioni di centralizzazione. Se alcune grandi piscine controllano una porzione significativa della potenza di mining, potrebbero teoricamente esercitare un'influenza eccessiva sulla rete, minando i principi decentralizzati su cui si basano molte criptovalute.

In termini di hardware, oltre agli ASICs, sono emerse altre innovazioni come i sistemi di raffreddamento a liquido e le farm di mining alimentate da energia solare, poiché l'industria cerca di ridurre i costi operativi e l'impatto ambientale del mining. Allo stesso tempo, la crescente consapevolezza delle impronte di carbonio ha portato alcune aziende e singoli minatori a cercare fonti di energia rinnovabile per alimentare le loro operazioni di mining.

Le criptovalute stesse hanno anche iniziato a incorporare meccanismi per rendere il mining più efficiente o per disincentivare pratiche non sostenibili. Ad esempio, Ethereum sta pianificando una transizione dal PoW al PoS con la sua prossima grande aggiornamento, Ethereum 2.0, nella speranza di ridurre la sua impronta energetica.

Infine, è essenziale notare il ruolo dei governi e delle normative nel panorama del mining. In alcuni paesi, le operazioni di mining sono viste con favore e ricevono incentivi, mentre in altri possono essere regolamentate o addirittura bandite a causa di preoccupazioni legate al consumo energetico o alla potenziale evasione fiscale.

In tutto questo, è evidente che il mining di criptovalute non è solo un'operazione tecnica, ma si intreccia con sfide economiche, ambientali, sociali e politiche, rendendo il suo studio e la sua comprensione una sfida multidimensionale.

Il mining di criptovalute è senza dubbio uno degli aspetti più complessi e sfaccettati dell'intero ecosistema delle monete digitali. È un pilastro fondamentale per molte criptovalute, assicurando non solo la creazione di nuove monete ma anche la validazione e la registrazione delle transazioni in modo sicuro e immutabile sulla blockchain.

Comprendere il mining richiede una visione olistica che consideri non solo la tecnologia ma anche le dinamiche economiche, sociali e ambientali. Dal punto di vista tecnologico, il mining ha fatto passi da gigante dall'epoca in cui un individuo poteva estrarre Bitcoin con un semplice computer desktop. L'evoluzione dell'hardware, l'emergere di ASICs specializzati, e la complessità crescente dei puzzle da risolvere hanno portato all'istituzione di immense mining farm e piscine di minatori. Queste evoluzioni tecnologiche sono state spinte dalla crescente difficoltà del processo di mining e dalla competizione per le ricompense in blocco.

Economicamente, il mining ha catalizzato la creazione di un'industria miliardaria. Tuttavia, ha anche presentato sfide, come la crescente centralizzazione a causa delle grandi mining pool, che possono influenzare in modo significativo la sicurezza e la decentralizzazione di una rete. Questo fenomeno ha suscitato discussioni sulla necessità di meccanismi di consenso alternativi che mantengano la natura decentralizzata delle criptovalute.

Dal punto di vista ambientale, il dibattito sul consumo energetico del mining di criptovalute è diventato centrale. La critica principale è che l'elevato consumo di energia, specialmente da fonti non rinnovabili, ha un impatto ambientale negativo. Questa preoccupazione ha stimolato la ricerca e l'adozione di fonti di energia più sostenibili e l'esplorazione di metodi di consenso alternativi, come Proof-of-Stake, che promettono maggiore efficienza energetica.

Socialmente, il mining ha avuto un impatto sulle comunità locali, creando opportunità di lavoro in alcune aree ma anche preoccupazioni legate all'utilizzo di risorse, in particolare in regioni dove l'energia è scarsa o costosa. La regolamentazione è diventata una parte inevitabile dell'equazione, con paesi che adottano approcci diversi, oscillando tra il sostegno, la regolamentazione o addirittura il divieto delle attività di mining.

In conclusione, il mining di criptovalute rappresenta un incrocio tra innovazione tecnologica, sfide economiche, dibattiti ambientali e considerazioni sociali. Sebbene rimanga un elemento essenziale per molte criptovalute, è in continua evoluzione e adattamento in risposta alle sfide e alle opportunità emergenti. L'intera industria delle criptovalute, pertanto, beneficia di una comprensione profonda e critica delle dinamiche del mining, poiché queste influenzeranno sicuramente il futuro e la sostenibilità del settore.

6. Staking e Yield Farming: Come guadagnare interessi sulle tue criptovalute.

## Staking e Yield Farming: Come guadagnare interessi sulle tue criptovalute

**Staking**: Il termine "staking" proviene dalla parola "stake", che significa "quota" o "partecipazione". Nel contesto delle criptovalute, lo staking si riferisce all'atto di bloccare una certa quantità di criptovaluta in una wallet per sostenere le operazioni di una rete basata su un meccanismo di consenso Proof-of-Stake (PoS) o suoi derivati. Queste operazioni possono includere la validazione delle transazioni e la sicurezza della rete. In cambio di questo impegno, gli utenti ricevono ricompense sotto forma di nuove monete.

Vantaggi dello Staking:

- È considerato meno energivoro rispetto al tradizionale mining basato su Proof-of-Work.

- Offre un ritorno periodico sulla criptovaluta bloccata, simile a un interesse.

- Rafforza la sicurezza e la stabilità della rete.

Tuttavia, esistono anche rischi associati allo staking. A seconda della criptovaluta, le monete bloccate potrebbero essere temporaneamente inaccessibili per il prelievo o la vendita, e in alcuni casi, se i nodi validanti (o validatori) agiscono in modo malevolo o errato, una parte delle monete bloccate potrebbe essere persa come penalità.

**Yield Farming**: Il Yield Farming, o agricoltura di rendimento, è una strategia più recente e avanzata utilizzata per massimizzare il ritorno sulle criptovalute detenute. Si basa sulla fornitura di liquidità a piattaforme decentralizzate (spesso piattaforme di finanza decentralizzata o DeFi) per guadagnare interessi o token di governance. In sostanza, gli utenti depositano criptovalute in un contratto intelligente e ricevono in cambio dei token di liquidità. Questi token possono essere a loro volta "seminati" in altre piattaforme per guadagnare ulteriori ricompense.

Vantaggi del Yield Farming:

- Offre rendimenti potenzialmente elevati.

- Stimola l'adozione e l'utilizzo delle piattaforme DeFi.

Tuttavia, il Yield Farming presenta anche notevoli rischi:

- Le piattaforme DeFi sono ancora relativamente nuove e possono avere vulnerabilità di sicurezza non ancora scoperte.

- La complessità delle strategie di Yield Farming può portare a errori costosi.

- La volatilità del mercato può influenzare rapidamente i rendimenti.

**Conclusione**: Staking e Yield Farming rappresentano due modalità con cui gli investitori e gli utenti di criptovalute possono cercare di ottenere un rendimento sulle loro detenzioni. Entrambe le strategie hanno i loro vantaggi e rischi. È essenziale per gli utenti fare ricerche approfondite, comprendere le dinamiche delle piattaforme e delle reti in cui stanno investendo e operare in modo informato e cauto. Come sempre, in un mercato in rapida evoluzione come quello delle criptovalute, l'educazione e la prudenza sono fondamentali.

Nell'ecosistema delle criptovalute, tanto il concetto di staking quanto quello di yield farming rappresentano strategie finanziarie rivolte a chi desidera non solo conservare, ma anche valorizzare le proprie risorse in maniera attiva. Approfondiamo ulteriormente le sfumature di queste pratiche e le loro implicazioni.

Lo **staking**, in molti casi, può essere visto come un parallelo al sistema bancario tradizionale. In una banca, depositiamo i nostri soldi e in cambio riceviamo un tasso di interesse. Lo staking fa qualcosa di simile, ma in un ambiente decentralizzato. Inoltre, lo staking ha anche una componente di sicurezza. Quando un utente decide di partecipare allo staking, sta anche prendendo una posizione attiva nel mantenere e proteggere la sicurezza della rete. Questo perché, in molte reti PoS, i validatori (coloro che creano nuovi blocchi e convalidano transazioni) vengono scelti in base alla quantità di criptovaluta che hanno "in gioco" o bloccata. Ciò significa che hanno un incentivo economico a operare onestamente. Se tentassero di approvare transazioni fraudolente, potrebbero perdere la loro stessa posta in gioco.

Il **yield farming**, d'altro canto, è una pratica più sofisticata e spesso più complessa. Nasce dal mondo della DeFi, dove i protocolli interagiscono tra loro in modi sempre nuovi e innovativi. Ad esempio, un utente potrebbe depositare Ether (ETH) in una piattaforma per ottenere un token DAI (una stablecoin ancorata al dollaro). Questo DAI potrebbe poi essere prestato a un'altra piattaforma per guadagnare interessi. Contemporaneamente, l'utente potrebbe utilizzare il DAI come collaterale per ottenere un altro token, che potrebbe a sua volta essere depositato in un'altra piattaforma per guadagnare ulteriori ricompense. Questa serie di azioni sfrutta una serie di protocolli DeFi per massimizzare il rendimento, da qui il termine "agricoltura" – coltivando il rendimento da varie fonti.

Mentre lo staking è relativamente diretto, il yield farming può diventare estremamente complesso, coinvolgendo una serie di azioni che possono variare in risposta alle condizioni di mercato, alle opportunità emergenti e ai cambiamenti nei protocolli. Questa complessità porta con sé una serie di rischi. I contratti intelligenti su cui si basa la DeFi sono codici software e, come tali, possono contenere bug o vulnerabilità. Nel 2020 e 2021, ad esempio, ci sono stati diversi attacchi e perdite dovuti a falle nei contratti intelligenti delle piattaforme DeFi.

Inoltre, poiché molte strategie di yield farming coinvolgono l'uso di leva finanziaria, le posizioni possono diventare rapidamente insolventi se il mercato si muove contro l'investitore. Questo è particolarmente vero nelle piattaforme dove il collaterale è soggetto a liquidazione automatica se scende sotto una certa soglia.

Un altro aspetto del yield farming da considerare è l'impatto ambientale. Sebbene la DeFi stessa non consumi energia allo stesso modo del mining PoW, le transazioni e le interazioni con i contratti intelligenti consumano gas sulla rete Ethereum, la principale piattaforma DeFi. Questo consumo di gas ha un costo energetico, sebbene Ethereum stia facendo progressi verso la transizione a un modello PoS con Ethereum 2.0.

Infine, mentre le reti basate su Proof-of-Stake e le piattaforme DeFi promettono rendimenti attraenti attraverso lo staking e il yield farming, è fondamentale ricordare che il mercato delle criptovalute è noto per la sua volatilità. Come in tutte le forme di investimento, non c'è garanzia di rendimento, e gli investitori dovrebbero fare le loro ricerche e considerare attentamente i rischi prima di partecipare.

Delving deeper into the realms of staking and yield farming, it's essential to understand the various underlying protocols and platforms, along with the multitude of tokens involved.

## Token e loro ruoli

Molti protocolli DeFi hanno i propri token associati,
che svolgono funzioni

specifiche. Questi token possono rappresentare diritti
di governance, diritti sulle entrate, o semplicemente
agire come gettoni di liquidità. Inoltre, possono anche
essere utilizzati per incentivare certi comportamenti
nella piattaforma.

## Liquidità e Pool di Liquidità

Uno degli aspetti chiave delle piattaforme DeFi
riguarda la liquidità. Le piattaforme hanno bisogno di
liquidità per funzionare in modo efficace, permettendo
agli utenti di effettuare scambi, prestiti e altre
transazioni senza incontrare eccessivi slittamenti di
prezzo. Per incentivare gli utenti a fornire questa
liquidità, molte piattaforme offrono rendimenti
competitivi. Gli utenti depositano le loro criptovalute
in pool di liquidità, e in cambio ricevono token di
liquidità che rappresentano la loro quota. Questi token
possono essere utilizzati per reclamare una parte delle
commissioni generate dalla piattaforma o possono
essere ulteriormente utilizzati in altre strategie di yield
farming.

## Rischi di Impermanent Loss

Mentre fornire liquidità può sembrare una proposta attraente, esiste un rischio noto come "impermanent loss". Quando si fornisce liquidità in un pool, si depositano di solito due token in quantità equivalente. Se il prezzo relativo di questi token cambia mentre sono nel pool, quando si ritirano i token, si potrebbe ricevere una quantità minore di uno dei due, rispetto a quella che si sarebbe avuta se si fossero semplicemente tenuti i token. Questa perdita diventa "permanente" una volta che si ritirano i token dal pool.

## Governance e Proposte

Molti protocolli DeFi sono governati da token di governance. Detenendo e (spesso) mettendo in staking questi token, gli utenti possono votare su proposte che riguardano il funzionamento del protocollo. Queste proposte possono riguardare parametri come tassi di interesse, commissioni, o l'aggiunta di nuove funzionalità. Partecipare attivamente alla governance non solo dà agli utenti un say nel funzionamento del protocollo, ma spesso offre anche incentivi sotto forma di ricompense di staking.

## Interoperabilità e Composabilità

Una delle caratteristiche più potenti della DeFi è la sua composabilità. Questo significa che un protocollo può sfruttare i servizi di un altro protocollo in modo modulare, come "mattoncini Lego" che si incastrano tra loro. Ad esempio, un protocollo che offre prestiti potrebbe utilizzare un altro protocollo come fonte di tassi di interesse di mercato. Questa composabilità, tuttavia, può anche aumentare la complessità e i potenziali rischi. Se un protocollo ha una falla o viene compromesso, gli effetti potrebbero propagarsi attraverso altri protocolli che dipendono da esso.

## Aggregatori e Ottimizzazione

Con l'esplosione delle opportunità di yield farming, sono emersi vari aggregatori che aiutano gli utenti a navigare e ottimizzare i loro investimenti. Questi aggregatori monitorano varie piattaforme per identificare le opportunità più remunerative e possono automaticamente spostare i fondi degli utenti per sfruttare queste opportunità. Se da un lato offrono un valore aggiunto in termini di efficienza, introducono anche un ulteriore livello di complessità e potenziali punti di falla.

## Tasse e Regolamentazione

Infine, una considerazione che spesso viene trascurata riguarda le implicazioni fiscali e normative dello staking e del yield farming. Diverse giurisdizioni fiscali possono trattare le ricompense da staking o yield farming come reddito imponibile. Inoltre, le agenzie normative stanno iniziando a esaminare più da vicino l'ecosistema DeFi. Gli utenti dovrebbero quindi essere consapevoli delle possibili implicazioni legali e fiscali delle loro attività.

Riassumendo, staking e yield farming offrono opportunità entusiasmanti per guadagnare rendimenti sulle criptovalute. Tuttavia, con queste opportunità vengono anche una serie di complessità e rischi che gli utenti devono comprendere e navigare attentamente.

## Strumenti e Piattaforme di Staking

Mentre il concetto di staking è relativamente semplice, l'implementazione pratica può variare notevolmente a seconda della criptovaluta o della piattaforma in questione. Diverse blockchain, come Ethereum, Cardano e Polkadot, hanno sistemi di staking unici, che richiedono diversi approcci e strumenti.

Ad esempio, per effettuare lo staking di Ethereum sulla sua nuova blockchain Ethereum 2.0, gli utenti devono "bloccare" un certo numero di ETH in un contratto speciale e partecipare alla validazione delle transazioni.

Questo può essere fatto manualmente da chi possiede una quantità significativa di ETH e ha le competenze tecniche per configurare e gestire un nodo di validazione, oppure tramite servizi di staking di terze parti che gestiscono i dettagli tecnici per conto degli utenti.

## Yield Farming: Strategie Avanzate

Oltre alle piattaforme base di yield farming che si limitano a incentivare la fornitura di liquidità, ci sono una serie di strategie avanzate e piattaforme che mirano a ottimizzare i rendimenti per gli investitori. Queste piattaforme utilizzano una combinazione di prestiti, prestiti flash, arbitraggi e altre tattiche per cercare di massimizzare i profitti.

Una delle tattiche popolari è la cosiddetta "strategia di composizione", dove gli interessi guadagnati vengono reinvestiti per guadagnare ulteriori interessi, sfruttando al massimo il potere della capitalizzazione.

## Centralizzazione vs. Decentralizzazione

Mentre l'ecosistema DeFi mira a essere completamente decentralizzato, in pratica, molte piattaforme di staking e yield farming sono centralizzate o hanno elementi di centralizzazione. Queste piattaforme potrebbero offrire una maggiore facilità d'uso, rendimenti potenzialmente più elevati e un'interfaccia utente più amichevole, ma possono anche comportare rischi aggiuntivi in termini di sicurezza e affidabilità.

## Fluttuazioni del Mercato e Volatilità

Lo staking e il yield farming non sono immuni dalle fluttuazioni del mercato. Gli investitori devono essere consapevoli che, mentre possono guadagnare rendimenti interessanti attraverso queste strategie, il valore delle loro partecipazioni sottostanti può fluttuare. In alcuni casi, le perdite potenziali sul capitale potrebbero superare i rendimenti guadagnati attraverso lo staking o il farming.

## Considerazioni Ambientali

Con la crescente attenzione sulla sostenibilità e l'ambiente, c'è stata una maggiore enfasi sul consumo energetico delle operazioni legate alle criptovalute, in particolare il mining di Bitcoin. Mentre lo staking è generalmente considerato più "verde" rispetto al tradizionale mining proof-of-work, le operazioni di alcuni protocolli DeFi possono comunque consumare una quantità significativa di energia a causa della complessità e del numero di transazioni.

## Innovazioni Future

Il settore DeFi è in rapido movimento, con nuove innovazioni e sviluppi che emergono regolarmente. Gli investitori dovrebbero rimanere aggiornati sulle ultime tendenze, come nuovi protocolli, piattaforme di staking, e strumenti di yield farming. Inoltre, con la crescente integrazione di intelligenza artificiale e apprendimento automatico nel settore finanziario, potrebbero emergere nuove strategie di ottimizzazione che utilizzano queste tecnologie per migliorare ulteriormente i rendimenti.

## Conclusione sullo Staking e Yield Farming

Lo staking e il yield farming rappresentano evoluzioni fondamentali nel panorama delle criptovalute e della finanza decentralizzata. Essi offrono ai detentori di criptovalute l'opportunità di guadagnare rendimenti passivi sulle loro partecipazioni, al contrario del semplice possesso o trading. Tuttavia, come ogni investimento, sono accompagnati da una serie di rischi e considerazioni.

### 1. Naturale Evoluzione del Consenso:

L'emergere dello staking come meccanismo di consenso è stato spinto dalla necessità di trovare alternative più efficienti ed ecologiche al tradizionale mining basato su proof-of-work. Mentre il proof-of-work richiede un elevato consumo energetico e ha portato a preoccupazioni ambientali, lo staking, essendo un sistema basato su proof-of-stake, elimina la necessità di risorse computazionali intensive, rendendolo più sostenibile a lungo termine.

## 2. Diversità di Approcci:

Non tutte le piattaforme di staking e yield farming sono uguali. Ogni blockchain o protocollo può avere le proprie peculiarità, requisiti e meccanismi di ricompensa. Questo rende essenziale una ricerca approfondita prima di impegnarsi in qualsiasi forma di staking o farming.

## 3. Rischio vs. Rendimento:

Mentre lo staking e il yield farming possono offrire rendimenti attraenti, vengono con i propri insiemi di rischi. Dalla volatilità dei prezzi delle criptovalute sottostanti ai rischi associati con piattaforme non collaudate o non sicure, gli investitori devono valutare attentamente i potenziali rendimenti in relazione ai rischi.

## 4. L'importanza della Sicurezza:

La sicurezza è un pilastro fondamentale quando si tratta di criptovalute. Poiché le attività di staking e yield farming implicano il blocco o la messa a disposizione di fondi, è vitale utilizzare piattaforme affidabili, fare ricerche su potenziali vulnerabilità e adottare misure di sicurezza come wallet freddi e autenticazione a due fattori.

## 5. Guardando al Futuro:

Il mondo della finanza decentralizzata è in rapida evoluzione. Nuovi protocolli, strategie e innovazioni stanno continuamente emergendo. Per chi cerca di massimizzare i rendimenti e rimanere all'avanguardia, è essenziale mantenere un'attitudine proattiva all'apprendimento e rimanere aggiornati sui nuovi sviluppi.

In sintesi, lo staking e il yield farming sono potenti strumenti nel toolkit dell'investitore in criptovalute. Se utilizzati con saggezza e con una comprensione chiara delle implicazioni e dei rischi associati, possono rappresentare fonti significative di rendimento e crescita patrimoniale. Tuttavia, come sempre nel mondo degli investimenti, è fondamentale procedere con cautela e informazione.

7. DeFi (Finanza Decentralizzata): Panoramica sulle applicazioni finanziarie basate su blockchain.

## DeFi (Finanza Decentralizzata): Panoramica sulle applicazioni finanziarie basate su blockchain.

La finanza decentralizzata, comunemente nota come DeFi, rappresenta uno dei settori più rivoluzionari e in rapida crescita nell'ecosistema delle criptovalute. Essa si basa sull'idea di creare sistemi finanziari aperti, trasparenti e senza intermediari, sfruttando la tecnologia della blockchain.

## 1. Cos'è la DeFi?

DeFi è l'insieme di applicazioni finanziarie costruite su blockchain, in particolare Ethereum, che mira a decentralizzare i servizi finanziari tradizionali. Questo significa che le operazioni, anziché passare attraverso intermediari come banche o broker, sono gestite da contratti intelligenti su una blockchain.

## 2. Componenti chiave della DeFi:

- **Contratti intelligenti:** Sono programmi autonomi che eseguono azioni predefinite quando vengono soddisfatte determinate condizioni. Essi formano la base di molte applicazioni DeFi.

- **Dapp (Decentralized Applications):** Applicazioni che operano su una blockchain piuttosto che su un server centralizzato.

- **Token:** Gli asset digitali utilizzati all'interno dell'ecosistema DeFi. Possono rappresentare una varietà di diritti o valori.

## 3. Principali Applicazioni DeFi:

- **Scambi decentralizzati (DEX):** Piattaforme che permettono agli utenti di scambiare criptovalute senza bisogno di un intermediario centralizzato.

- **Prestiti e prestiti peer-to-peer:** Piattaforme come Compound e Aave permettono agli utenti di prendere in prestito o prestare le loro criptovalute in cambio di interessi.

- **Stablecoin:** Criptovalute legate al valore di valute tradizionali, come il DAI che è ancorato al dollaro USA, offrendo stabilità nei prezzi.

- **Progetti di derivati:** Piattaforme come Synthetix che offrono derivati finanziari su blockchain.

- **Piattaforme di assicurazione:** Forniscono copertura contro i rischi associati a specifiche piattaforme o contratti DeFi.

## 4. Vantaggi della DeFi:

- **Accessibilità:** La DeFi rende i servizi finanziari accessibili a chiunque abbia una connessione internet.

- **Trasparenza:** Tutte le transazioni sono registrate su una blockchain pubblica.

- **Costi ridotti:** L'eliminazione degli intermediari può portare a commissioni ridotte.

- **Interoperabilità:** Le applicazioni DeFi possono interagire tra loro, creando un ecosistema integrato.

## 5. Sfide e considerazioni:

- **Rischi di sicurezza:** Le vulnerabilità nei contratti intelligenti possono portare a perdite significative.

- **Complessità:** L'uso efficace della DeFi richiede una certa conoscenza tecnica.

- **Volatilità:** Molte applicazioni DeFi sono ancora giovani e possono essere soggette a forti fluttuazioni di valore.

## 6. L'evoluzione della DeFi:

La DeFi ha mostrato una crescita esplosiva negli ultimi anni, con sempre più capitali bloccati nelle applicazioni e un numero crescente di piattaforme e servizi. Con l'adozione di nuove soluzioni di scaling e l'arrivo di nuove blockchain, si prevede che la DeFi avrà un impatto ancora maggiore sul panorama finanziario globale.

In sintesi, la DeFi rappresenta una rivoluzione nel modo in cui concepiamo i servizi finanziari. Rimuovendo gli intermediari e dando il potere agli utenti, la DeFi ha il potenziale per creare un sistema finanziario più aperto, equo e accessibile a tutti.

La DeFi è profondamente radicata nell'ideale di democratizzare l'accesso ai servizi finanziari. In molti paesi, una parte significativa della popolazione è ancora "non bancarizzata", ovvero priva di accesso ai servizi finanziari tradizionali. Questo rappresenta una barriera all'inclusione finanziaria e al progresso economico. La DeFi, grazie alla sua natura decentralizzata e alla sua capacità di operare in modo peer-to-peer, offre una soluzione potenziale a questo problema.

Oltre alla sua funzione di inclusione, la DeFi sta anche ridefinendo come gli individui interagiscono con i propri asset finanziari. Ad esempio, nel mondo tradizionale dei servizi finanziari, se si desidera ottenere un prestito, la procedura tipica implicherebbe di recarsi in banca, compilare una serie di moduli, fornire garanzie e attendere l'approvazione. In contrasto, le piattaforme DeFi consentono ai prestiti di essere accordati in pochi minuti, senza la necessità di un intermediario o di un controllo del credito, ma semplicemente utilizzando la criptovaluta come collaterale.

Un'altra novità portata dalla DeFi è la "composabilità" delle applicazioni. Ciò significa che ogni progetto o piattaforma DeFi può essere integrato o utilizzato in combinazione con altri, creando così nuovi prodotti o servizi. Questa caratteristica ha portato alla nascita di termini come "money legos", a indicare come le varie applicazioni DeFi possano essere combinate tra loro come i mattoncini LEGO.

Le oracoli sono un altro aspetto essenziale dell'ecosistema DeFi. Si tratta di protocolli che forniscono dati esterni alle applicazioni blockchain. Poiché un contratto intelligente sulla blockchain non può accedere direttamente ai dati esterni, gli oracoli svolgono un ruolo cruciale nel fornire queste informazioni. Ad esempio, se un'applicazione DeFi ha bisogno di sapere il tasso di cambio corrente tra due criptovalute, farebbe affidamento su un oracolo per ottenere tali dati.

Tuttavia, come ogni tecnologia emergente, la DeFi ha le sue sfide. Una delle principali preoccupazioni riguarda la scalabilità. Con l'aumento del numero di utenti e delle transazioni, le reti possono diventare congestionate, portando a tempi di transazione più lunghi e a commissioni più elevate. Soluzioni come il layer-2 scaling e le sidechains sono state proposte come possibili soluzioni a questo problema.

Un'altra preoccupazione è l'educazione e la consapevolezza. Mentre la DeFi offre un'enorme potenzialità, richiede anche una certa competenza da parte degli utenti. La gestione degli asset digitali, la comprensione dei contratti intelligenti e la navigazione nell'ecosistema DeFi possono essere complesse per i nuovi utenti. Ecco perché è essenziale che ci siano risorse educative e comunità di supporto per aiutare gli individui ad avvicinarsi a questa nuova frontiera finanziaria.

Inoltre, la regolamentazione è un argomento di continuo dibattito nella comunità DeFi. Mentre alcuni vedono la necessità di una regolamentazione per proteggere gli utenti e garantire la stabilità del sistema, altri temono che una regolamentazione eccessiva possa soffocare l'innovazione.

Nonostante queste sfide, la DeFi continua a prosperare e a evolversi, attirando sia investitori istituzionali che al dettaglio. Con nuove applicazioni e servizi che emergono regolarmente, si prevede che la DeFi diventerà una componente sempre più integrata dell'ecosistema finanziario globale.

Nell'evoluzione dell'ecosistema DeFi, è impossibile non notare l'emergere di nuove forme di prodotti finanziari e strumenti che replicano, e in alcuni casi migliorano, le offerte del sistema finanziario tradizionale.

**Tipi di Prodotti DeFi:**

- **DEX (Decentralized Exchanges)**: A differenza delle piattaforme di scambio centralizzate come Binance o Coinbase, i DEX consentono agli utenti di scambiare criptovalute senza affidarsi a un intermediario. Piattaforme come Uniswap o Sushiswap hanno guadagnato popolarità grazie alla loro architettura peer-to-peer e alle commissioni generalmente più basse.

- **Stablecoins**: Queste sono criptovalute ancorate a un asset stabile come il dollaro americano. Esistono diverse forme di stablecoins: alcuni sono garantiti da riserve (come USDC o Tether), mentre altri sono garantiti da algoritmi (come DAI). Le stablecoins forniscono un mezzo di scambio stabile nell'ecosistema DeFi, facilitando le transazioni e fornendo un rifugio contro la volatilità di altre criptovalute.

- **Piattaforme di Prestito**: Piattaforme come Aave o Compound permettono agli utenti di prestare o prendere in prestito criptovalute. Ciò consente, ad esempio, agli hodler di guadagnare interessi sui loro asset digitali, o ai trader di prendere in prestito asset per operazioni a leva.

- **Derivati Decentralizzati**: Questi strumenti permettono agli utenti di stipulare contratti basati sul movimento futuro del prezzo di un asset. Piattaforme come Synthetix consentono la creazione di asset sintetici che replicano le performance di asset reali come azioni, indici o materie prime.

- **Asset Tokenizzati**: Si tratta della rappresentazione digitale di asset reali sulla blockchain. Questo potrebbe includere immobili, azioni o persino opere d'arte. La tokenizzazione può rendere la proprietà e il trasferimento di questi beni più efficiente e trasparente.

**Aspetti di Sicurezza in DeFi**: Un punto critico nell'ecosistema DeFi è la sicurezza. A causa della sua natura open-source e decentralizzata, le piattaforme DeFi sono spesso esposte a vari rischi. Gli attacchi "flash loan" sono diventati infamemente popolari, dove un attaccante prende in prestito una grande quantità di criptovaluta, manipola il mercato e poi restituisce il prestito, guadagnando un profitto nel processo.

Inoltre, essendo basate su contratti intelligenti, le piattaforme DeFi possono avere bug o vulnerabilità che possono essere sfruttate se non vengono adeguatamente testate o revisionate. Questo ha portato all'emergere di aziende specializzate nella revisione di contratti intelligenti per garantire la loro sicurezza.

**Ruolo delle Governance Token**: Molte piattaforme DeFi hanno introdotto le loro token di governance. Questi token non solo fungono da mezzo di scambio all'interno della piattaforma ma danno anche diritti di voto ai loro detentori. Ciò significa che gli utenti possono avere un'effettiva voce nella direzione e nello sviluppo della piattaforma. Questo modello di governance comunitaria rappresenta un passo significativo verso una vera democratizzazione dei servizi finanziari.

Nell'insieme, la DeFi rappresenta una rivoluzione nel modo in cui concepiamo e interagiamo con i prodotti finanziari. Con la sua promessa di maggiore accessibilità, trasparenza e efficienza, ha il potenziale di rimodellare il panorama finanziario globale. Tuttavia, come ogni rivoluzione, porta con sé sfide e rischi che devono essere affrontati per realizzare appieno il suo potenziale.

La Finanza Decentralizzata (DeFi) non è solo una semplice alternativa alle banche e agli intermediari tradizionali. È una dimostrazione del potere di innovazione che la tecnologia blockchain può portare al settore finanziario. Tuttavia, bisogna ricordare che stiamo ancora grattando la superficie di ciò che è possibile. Qui ci sono ulteriori sfaccettature e potenzialità dell'ecosistema DeFi:

**Interoperabilità e Composabilità**: Uno dei punti di forza più notevoli della DeFi è la sua natura componibile. Le applicazioni in questo ecosistema sono spesso paragonate a "lego" in termini di come possono essere combinate e ricombinate per creare nuovi prodotti o servizi. Ad esempio, un DEX potrebbe integrare una stablecoin da un'altra piattaforma per facilitare scambi con minore volatilità. Questa composabilità significa che ogni nuovo progetto può potenzialmente migliorare l'ecosistema nel suo insieme, offrendo nuove funzionalità e servizi.

**Assicurazione in DeFi**: Con l'aumento degli attacchi e delle vulnerabilità, l'assicurazione sta diventando un aspetto fondamentale della DeFi. Progetti come Nexus Mutual offrono coperture assicurative per proteggere gli utenti da potenziali perdite dovute a bug o attacchi nei contratti intelligenti. L'assicurazione in DeFi è ancora agli albori, ma ha un enorme potenziale per aumentare la fiducia e l'adozione da parte degli utenti.

**Identità e reputazione**: Sebbene la DeFi enfatizzi la privacy e l'anonimato, l'identità e la reputazione stanno diventando sempre più importanti, specialmente quando si tratta di prestiti peer-to-peer. Progetti come BrightID o Iden3 stanno lavorando su soluzioni di identità decentralizzata che potrebbero offrire ai partecipanti un modo per stabilire la fiducia senza compromettere la loro privacy.

**Oracoli**: Gli oracoli sono fondamentali per il funzionamento di molte applicazioni DeFi, in quanto forniscono dati esterni ai contratti intelligenti. Chainlink è uno dei progetti oracolo più noti, ma ci sono molte altre soluzioni che cercano di offrire dati affidabili e sicuri alle applicazioni DeFi. Gli oracoli sono cruciale perché anche un piccolo errore o manipolazione dei dati può portare a gravi conseguenze in un ecosistema basato su contratti automatizzati.

**Accessibilità e inclusione**: Uno degli obiettivi fondamentali della DeFi è rendere i servizi finanziari accessibili a tutti, indipendentemente dalla loro posizione geografica o status economico. In molte parti del mondo, le persone sono escluse dal sistema finanziario tradizionale. La DeFi ha il potenziale per offrire a queste persone l'accesso a prestiti, conti di risparmio, assicurazioni e molti altri servizi che la maggior parte delle persone nei paesi sviluppati dà per scontata.

**Sfide normative**: Nonostante tutto il suo potenziale, la DeFi non è senza sfide. La regolamentazione è una delle principali preoccupazioni. Molti paesi stanno ancora cercando di capire come regolamentare e tassare l'ecosistema cripto. La natura decentralizzata della DeFi rende difficile per i regolatori applicare le leggi tradizionali, ma allo stesso tempo, una regolamentazione chiara potrebbe fornire una maggiore certezza e legittimità al settore.

In sintesi, la DeFi rappresenta una frontiera in rapido movimento nel mondo delle finanze. Con nuovi progetti, idee e soluzioni che emergono quasi ogni giorno, c'è una sensazione tangibile che stiamo assistendo a una trasformazione radicale del modo in cui le persone interagiscono con i loro soldi. Tuttavia, come ogni frontiera, ci sono rischi, incognite e sfide da superare.

La Finanza Decentralizzata (DeFi) è diventata un pilastro fondamentale nell'evoluzione delle criptovalute e del più ampio settore blockchain. Nel contesto finanziario contemporaneo, la DeFi può essere vista come una rivoluzione, uno spostamento di potere dalle tradizionali istituzioni finanziarie centralizzate agli individui. Questa trasformazione non è esente da sfide, ma ha un potenziale senza precedenti per democratizzare l'accesso ai servizi finanziari a livello globale.

**1. Decentralizzazione**: La decentralizzazione è il cuore pulsante della DeFi. A differenza del sistema finanziario tradizionale, dove le decisioni e il controllo sono nelle mani di poche istituzioni, la DeFi si basa su reti peer-to-peer. Questo design elimina intermediari come banche e broker, riducendo le commissioni e migliorando l'efficienza complessiva del sistema.

**2. Innovazione**: La natura aperta e permissionless delle piattaforme DeFi ha alimentato un'innovazione senza precedenti. Gli sviluppatori possono creare e lanciare nuovi prodotti senza dover chiedere permesso o navigare attraverso la burocrazia, spesso risultando in soluzioni più efficienti e orientate all'utente.

**3. Accessibilità**: Con una connessione internet e uno smartphone o computer, chiunque, ovunque, può accedere ai servizi DeFi. Questo è particolarmente rivoluzionario per le popolazioni non bancarizzate, che ora hanno l'opportunità di partecipare all'economia globale in modi prima impensabili.

**4. Trasparenza**: La maggior parte delle piattaforme DeFi sono costruite su blockchain pubbliche, garantendo trasparenza e verificabilità. Gli utenti possono auditare le transazioni, assicurandosi che le operazioni siano eseguite come previsto.

**5. Rischio e Regolamentazione**: La DeFi non è esente da rischi. L'assenza di un ente centrale significa che gli utenti sono spesso esposti a rischi maggiori, compresi quelli associati a errori di codice o attacchi di hacking. Inoltre, la crescente attenzione da parte dei regolatori sugli aspetti legati alla DeFi sta portando a dibattiti su come bilanciare innovazione e protezione degli investitori.

**6. Futuro della DeFi**: L'ecosistema DeFi è in continua evoluzione. Nuovi progetti emergono regolarmente, offrendo soluzioni a problemi esistenti o creando nuove opportunità di investimento e finanziamento. Ci si aspetta che, con l'adozione e l'innovazione continua, la DeFi giocherà un ruolo sempre più centrale nel panorama finanziario globale.

In conclusione, la DeFi rappresenta una profonda metamorfosi del mondo finanziario. Sebbene siano presenti significative sfide e incertezze, il potenziale per una finanza più equa, inclusiva ed efficiente è innegabile. Come con qualsiasi rivoluzione, sarà essenziale navigare con prudenza, ma con l'ottimismo che una nuova era di finanza decentralizzata potrebbe davvero essere l'aurora di un sistema finanziario più giusto per tutti.

8. Rischi Associati alle Criptovalute: Fluttuazioni del mercato, sicurezza e regolamentazione.

## Rischi Associati alle Criptovalute: Fluttuazioni del mercato, sicurezza e regolamentazione.

Le criptovalute, pur essendo uno strumento finanziario innovativo e promettente, non sono esenti da rischi. Per chiunque stia considerando di investire o utilizzare criptovalute, è essenziale comprendere questi rischi per fare scelte informate. Analizziamo più da vicino questi tre fattori principali:

### 1. Fluttuazioni del Mercato (Volatilità):

- **Origine della Volatilità**: A differenza delle valute tradizionali, le criptovalute sono altamente volatili. Questa volatilità deriva da vari fattori, tra cui la relativa giovinezza del mercato, la speculazione, la limitata liquidità in certi periodi e le notizie e gli eventi globali.

- **Impatto sugli Investitori**: La volatilità può portare a significative perdite (o guadagni) in breve tempo. Gli investitori devono essere preparati a vedere il valore delle loro posizioni variare drasticamente nel giro di ore o giorni.

## 2. Sicurezza:

- **Hacking e Furti**: Le piattaforme di scambio di criptovalute sono diventate obiettivi principali per gli hacker. Nel corso degli anni, sono state registrate varie violazioni di sicurezza in cui sono stati rubati milioni di dollari in criptovaluta.

- **Problemi con Wallet e Chiavi Private**: La perdita dell'accesso al proprio wallet, spesso a causa della perdita delle chiavi private, può significare la perdita permanente delle criptovalute possedute. A differenza dei conti bancari tradizionali, non c'è modo di "recuperare la password" in molte soluzioni di storage di criptovaluta.

- **Smart Contracts Imperfetti**: Le piattaforme basate su contratti intelligenti (come Ethereum) sono suscettibili a errori nel codice. Se un contratto intelligente è mal progettato o ha un bug, potrebbe comportare la perdita di fondi.

## 3. Regolamentazione:

- **Ambiguità Legale**: Molti governi stanno ancora cercando di capire come classificare e regolamentare le criptovalute. Quest'ambiguità può comportare rischi per gli investitori, che potrebbero ritrovarsi inadempienti senza volerlo.

- **Mancanza di Protezione**: A differenza dei conti bancari, che in molti paesi sono assicurati fino a una certa somma, le criptovalute non offrono tali protezioni. Se una piattaforma di scambio fallisce o viene violata, gli utenti potrebbero non avere modo di recuperare i loro fondi.

- **Intervento dei Governi**: Vi è sempre la possibilità che un governo possa bandire o limitare l'uso di criptovalute, influenzando negativamente il loro valore e utilizzo.

In sintesi, mentre le criptovalute offrono un'incredibile opportunità di innovazione e potenziali rendimenti, sono accompagnate da una serie di rischi significativi. Gli investitori devono procedere con cautela, fare le loro ricerche, utilizzare strumenti di sicurezza come i wallet hardware e considerare la diversificazione come un modo per mitigare le potenziali perdite.

Continuando a esplorare i rischi associati alle criptovalute:

**Fenomeni di Mercato Anomali**:

- **Pompe e Discariche (Pump and Dump)**: Questo è un tipo di frode del mercato azionario che ha trovato terreno fertile nel mondo delle criptovalute. Gruppi organizzati promuovono l'acquisto di una criptovaluta particolare per

aumentarne artificialmente il prezzo (pumping) e
poi vendono massivamente (dumping) per trarre
profitto, lasciando altri investitori con
significative perdite.

- **Whales (Balene)**: Gli individui o le entità che
  detengono grandi quantità di una criptovaluta
  sono spesso chiamati "whales" (balene). Le loro
  grandi transazioni possono influenzare
  significativamente il prezzo di una moneta,
  creando spesso movimenti di mercato imprevisti.

**Problematiche Tecniche**:

- **Scalabilità**: Mentre le criptovalute si
  diffondono, la questione della scalabilità delle
  reti diventa fondamentale. L'incapacità di gestire
  un elevato numero di transazioni in tempo reale
  ha portato a ritardi e costi elevati in alcune
  criptovalute, come visto durante i picchi di
  utilizzo di Bitcoin.

- **Forks (Biforcazioni)**: Un fork è una divisione
  nella catena di blocchi di una criptovaluta. Può
  essere il risultato di aggiornamenti o controversie
  nella comunità. Se non gestiti correttamente, i
  forks possono creare confusione, doppia spesa e
  potenziali perdite per gli investitori.

**Aspetti Socio-Culturali**:

- **Adozione Pubblica e Percezione**: La percezione pubblica delle criptovalute può influenzarne il valore. Notizie negative, come relazioni sul loro uso per attività illegali, possono deterrire nuovi utenti e investitori.

- **Educazione e Alfabetizzazione Finanziaria**: Poiché le criptovalute sono ancora relativamente nuove e complesse, molti potenziali utenti e investitori non comprendono appieno come funzionano o come gestirle. Questo può portare a decisioni finanziarie mal consigliate.

**Rischi Ecologici**:

- **Consumo Energetico**: Il processo di mining, specialmente per Bitcoin, richiede enormi quantità di energia. Questo ha sollevato preoccupazioni ambientali, dato che molte operazioni di mining si affidano a fonti di energia non rinnovabile.

**Interconnessione con Altri Mercati**:

- **Correlazione con i Mercati Tradizionali**: In certi periodi, le criptovalute hanno mostrato una certa correlazione con i mercati azionari tradizionali. Durante le crisi finanziarie, questa correlazione può esacerbare i rischi.

- **Derivati e Prodotti Finanziari Complessi**: Con l'introduzione di futures, opzioni e altri derivati basati su criptovalute, il mercato sta diventando sempre più complesso. Questi strumenti possono amplificare la volatilità e introducono nuovi livelli di rischio.

L'esplorazione di questi rischi illustra la complessità del panorama delle criptovalute. La natura in evoluzione di questa tecnologia, combinata con la sua intersezione con la finanza tradizionale, la politica e la società, rende le criptovalute un campo affascinante ma potenzialmente pericoloso per gli investitori non preparati.

## Conclusione: Rischi Associati alle Criptovalute

Gli investimenti in criptovalute sono indubbiamente seducenti per le potenziali alti rendimenti e l'entusiasmo intorno all'innovazione tecnologica. Tuttavia, come per ogni forma di investimento, è cruciale considerare attentamente i rischi associati.

1. **Natura Speculativa**: Le criptovalute sono, per loro natura, altamente speculative. I loro valori possono variare enormemente in brevi periodi di tempo, spesso senza un'evidente ragione sottostante. Ciò è dovuto in parte alla relativa

giovinezza del mercato e alla mancanza di una regolamentazione chiara in molte giurisdizioni.

2. **Sicurezza e Furti**: Nonostante la tecnologia blockchain sia inerentemente sicura, le piattaforme e le borse attraverso cui le persone acquistano, vendono e conservano le criptovalute possono essere vulnerabili agli attacchi. Negli anni, sono stati rubati miliardi di dollari in criptovalute da borse e wallet.

3. **Rischi Legali e Regolamentari**: Le criptovalute si trovano in un limbo regolamentare in molte regioni del mondo. Gli investitori corrono il rischio che le criptovalute possano essere bandite o fortemente regolamentate in futuro, influenzando significativamente il loro valore e usabilità.

4. **Rischi Tecnologici**: La scalabilità e i forks sono problemi tecnologici che possono influire sul valore e sull'uso di una criptovaluta. Anche l'interoperabilità tra diverse criptovalute può rappresentare una sfida.

5. **Implicazioni Ambientali**: Il mining intensivo di energia ha avuto un impatto significativo sull'ambiente, con un elevato consumo di energia, in particolare nelle reti che utilizzano la prova di lavoro come Bitcoin.

6. **Manipolazione del Mercato**: A causa della sua natura decentrata e della mancanza di regolamentazione, il mercato delle criptovalute può essere suscettibile a pratiche come il pump and dump, influenzato da "balene" e altri attori di grande dimensione.

7. **Comprensione Limitata**: Nonostante la crescente popolarità, la comprensione generale delle criptovalute e della tecnologia blockchain rimane limitata al grande pubblico. Questo può portare a decisioni di investimento mal informate.

In definitiva, gli investitori dovrebbero avvicinarsi alle criptovalute con cautela, armati di una solida comprensione dei rischi implicati. È essenziale fare le proprie ricerche, diversificare gli investimenti e, se possibile, consultare esperti o professionisti finanziari. La regola d'oro per investire in criptovalute, come in qualsiasi altro asset, dovrebbe essere: "Non investire più di quanto si è disposti a perdere". Con una gestione attenta e informata, è possibile navigare nel tumultuoso mare delle criptovalute con una maggiore sicurezza e consapevolezza.

9. Tassazione delle Criptovalute: Una panoramica sulla situazione fiscale in vari paesi.

## Tassazione delle Criptovalute: Una panoramica sulla situazione fiscale in vari paesi

Le criptovalute, pur essendo una novità tecnologica e finanziaria, sono rapidamente entrate nel radar di molte autorità fiscali di tutto il mondo. Mentre la natura decentralizzata e il carattere digitale delle criptovalute possono farle apparire come un'area grigia dal punto di vista fiscale, molti paesi hanno iniziato a stabilire linee guida chiare su come trattare le transazioni e gli investimenti in criptovaluta. Ecco una panoramica di come alcuni paesi principali affrontano la questione:

1. **Stati Uniti**:

   - Le criptovalute sono considerate proprietà ai fini fiscali. Ciò significa che i venditori e gli acquirenti devono pagare le tasse sulle plusvalenze e minusvalenze come lo farebbero per altre forme di proprietà come le azioni.

   - L'IRS richiede che tutte le transazioni in criptovaluta vengano segnalate. Ciò include l'acquisto, la vendita, il mining e l'uso di criptovalute per acquistare beni e servizi.

2. **Europa**:

- **Unione Europea**: La Corte di Giustizia dell'UE ha decretato che lo scambio di Bitcoin e "valute virtuali simili" è esente da IVA nel suo intero territorio. Tuttavia, i singoli Stati membri possono avere le proprie normative sulla tassazione delle plusvalenze.

- **Regno Unito**: Le criptovalute sono considerate "attività negoziabili". Ciò significa che le persone sono tassate sulla base delle plusvalenze quando vendono, ma non quando acquistano.

3. **Australia**:

- Le criptovalute sono trattate come proprietà e soggette a tasse sulle plusvalenze.

- Le transazioni commerciali che utilizzano criptovaluta come pagamento sono soggette a trattamenti fiscali normali.

4. **Canada**:

- La Revenue Agency del Canada considera le criptovalute come beni, e le transazioni sono quindi soggette a tasse sulle plusvalenze.

- L'uso di criptovaluta per l'acquisto di beni o servizi è considerato "baratto", e la transazione può generare un impegno fiscale.

5. **Giappone**:

   - Il Giappone riconosce le criptovalute come proprietà e impone una tassa sulle plusvalenze, variabile in base alla quantità e al periodo di detenzione.

6. **Cina**:

   - Anche se il trading e l'uso delle criptovalute per le transazioni sono ufficialmente banditi, le criptovalute sono ancora tassate come proprietà quando sono vendute.

È importante sottolineare che la regolamentazione e la tassazione delle criptovalute sono aree in continua evoluzione. Con il crescente interesse e l'adozione delle criptovalute, è probabile che vedremo ulteriori sviluppi e chiarimenti da parte delle autorità fiscali di tutto il mondo. Pertanto, gli investitori e i trader dovrebbero consultare regolarmente un consulente fiscale o fare riferimento alle linee guida ufficiali del loro paese di residenza per assicurarsi di essere in regola.

La tassazione delle criptovalute è un argomento che ha suscitato molti dibattiti tra esperti fiscali, investitori e governi. Mentre alcuni paesi hanno definito linee guida chiare, altri stanno ancora cercando di adattare le loro normative fiscali esistenti alle peculiarità delle criptovalute.

**Determinazione del Valore Imponibile**: Determinare il valore esatto di una criptovaluta al momento di una transazione può essere una sfida. Molti enti fiscali richiedono che gli individui utilizzino il "valore equo di mercato" della criptovaluta al momento di una transazione per calcolare le tasse dovute. Tuttavia, il valore delle criptovalute può variare notevolmente tra diverse piattaforme di scambio, e potrebbe non essere immediatamente chiaro quale piattaforma dovrebbe essere utilizzata come riferimento.

**Record Keeping**: Il mantenimento di registrazioni dettagliate è fondamentale quando si tratta di tassazione delle criptovalute. Ciò include la data di ogni transazione, il valore al momento della transazione e la natura della transazione (ad es. acquisto, vendita, scambio, ecc.). Queste informazioni possono aiutare gli individui a determinare le loro obbligazioni fiscali e a difendersi in caso di eventuali verifiche.

**Mining e Ricompense**: Il mining di criptovalute presenta sfide uniche dal punto di vista fiscale. In molti paesi, le ricompense ottenute dal mining sono considerate reddito imponibile e devono essere dichiarate come tale. Tuttavia, i costi associati al mining, come l'hardware, l'energia elettrica e il software, potrebbero essere deducibili come spese d'affari.

**Forks e Airdrops**: I "forks" (quando una criptovaluta si divide in due versioni separate) e gli "airdrops" (quando vengono distribuiti gratuitamente nuovi token) possono creare ulteriori complicazioni. In alcuni paesi, i token ricevuti da forks o airdrops sono considerati reddito imponibile, mentre in altri, la tassazione si applica solo quando questi token vengono venduti o scambiati.

**Donazioni e Regali**: Mentre molti paesi permettono alle persone di donare criptovalute senza incorrere in tasse sulle plusvalenze, la ricezione di criptovalute come dono può avere implicazioni fiscali. Ad esempio, la persona che riceve la donazione potrebbe dover pagare tasse sulle plusvalenze quando successivamente vende la criptovaluta, basandosi sul costo originale della moneta.

**Movimenti Internazionali**: Poiché le criptovalute possono essere facilmente trasferite attraverso le frontiere, ci sono considerazioni fiscali per coloro che detengono, acquistano o vendono criptovalute in più di un paese. La doppia imposizione o la necessità di dichiarare asset detenuti all'estero sono problemi reali per i cittadini di molti paesi.

Infine, mentre le criptovalute rappresentano un nuovo e affascinante dominio finanziario, è essenziale affrontare le questioni fiscali con la dovuta prudenza. La mancanza di comprensione o la negligenza nell'adempimento delle obbligazioni fiscali potrebbe portare a multe significative o ad altre sanzioni legali. Pertanto, è sempre consigliabile consultare un esperto fiscale quando si tratta di questioni relative alla tassazione delle criptovalute.

La tassazione delle criptovalute rappresenta una delle aree più sfidanti e in evoluzione nell'ambito fiscale moderno. Di seguito, un'analisi approfondita che conclude il punto:

**Armonizzazione globale delle normative**: Anche se molte nazioni hanno iniziato a stabilire chiare direttive fiscali sulle criptovalute, l'armonizzazione a livello globale è ancora lontana. La natura decentralizzata e transfrontaliera delle criptovalute rende difficile per un singolo paese imporre una regolamentazione che possa essere effettivamente rispettata senza una collaborazione internazionale. Ad esempio, un individuo potrebbe detenere criptovalute in un paese e spendere o vendere in un altro, creando ambiguità su quale nazione ha il diritto di tassare tale transazione.

**Implicazioni per gli investitori**: Per gli investitori di criptovalute, la tassazione può rappresentare sia un rischio che un'opportunità. Da un lato, la necessità di monitorare e registrare ogni transazione, soprattutto se effettuata su piattaforme diverse, può diventare onerosa. Dall'altro, comprendere bene le leggi fiscali può offrire opportunità di pianificazione fiscale, come vendere in un paese con aliquote fiscali più basse o utilizzare perdite per compensare le plusvalenze in altri investimenti.

**Necessità di un'infrastruttura solida**: Con l'aumento delle transazioni in criptovalute, la necessità di sistemi di registrazione e di tracciabilità robusti è diventata sempre più evidente. Alcune startup e aziende tecnologiche hanno iniziato a offrire soluzioni specificamente progettate per tracciare le transazioni in criptovalute e calcolare le relative passività fiscali, facilitando la vita degli investitori.

**Ruolo delle autorità fiscali**: Se da un lato le autorità fiscali stanno cercando di tenere il passo con l'evoluzione delle criptovalute, dall'altro devono assicurarsi di fornire chiarezza agli investitori. La mancanza di linee guida chiare può scoraggiare l'adozione delle criptovalute, frenare l'innovazione o spingere le transazioni verso il mercato nero.

**Conclusione**: La tassazione delle criptovalute rappresenta un crocevia tra le antiche normative fiscali e l'innovazione finanziaria. Se gestita correttamente, può garantire che le autorità fiscali ricevano le entrate dovute, mentre gli investitori godono di chiarezza e sicurezza nelle loro operazioni. L'importante è che gli investitori siano sempre ben informati, agiscano in buona fede e, quando necessario, cerchino consulenza da esperti nel campo per assicurarsi di adempiere a tutte le loro obbligazioni fiscali.

10. Progetti e Token Promettenti: Analisi di alcune delle criptovalute emergenti.

L'analisi dei progetti e dei token promettenti è una componente essenziale per chiunque sia interessato all'investimento in criptovalute. In un mercato in costante evoluzione, l'attenzione spesso si sposta da una moneta all'altra, e ciò che oggi può sembrare una buona opportunità, domani potrebbe non esserlo più. Tuttavia, al momento del mio ultimo aggiornamento nel 2021, alcuni progetti hanno attirato particolare attenzione per vari motivi.

**1. Ethereum 2.0**: Mentre Ethereum è da tempo uno dei principali progetti di criptovaluta, la sua evoluzione verso Ethereum 2.0 – con un passaggio dal proof of work al proof of stake – ha suscitato grande interesse. Questo cambiamento promette una rete più scalabile, sicura ed eco-sostenibile.

**2. Chainlink (LINK)**: Chainlink ha rivoluzionato il concetto di "oracoli" nel mondo blockchain, consentendo ai contratti intelligenti su Ethereum di connettersi a fonti di dati esterne, API e pagamenti tradizionali. Questo ha un potenziale enorme per la realizzazione di applicazioni decentralizzate che richiedono dati dal mondo reale.

**3. Polkadot (DOT)**: Polkadot si propone come una soluzione multi-chain, permettendo a diverse blockchain di trasferire messaggi e valore in modo interconnesso. Ciò potrebbe essere cruciale per la futura interoperabilità tra diverse reti.

**4. Cardano (ADA)**: Cardano ha attirato l'attenzione grazie al suo approccio basato sulla ricerca e la peer review. Concentrandosi su un "blockchain 3.0", il progetto mira a risolvere problemi come scalabilità, interoperabilità e sostenibilità.

**5. Aave (AAVE)**: Nel settore DeFi, Aave si è distinto come uno dei principali protocolli di prestito, permettendo agli utenti di guadagnare interessi sui depositi e prendere in prestito asset.

**6. Uniswap (UNI)**: Uniswap è uno scambio decentralizzato che utilizza un modello di market making automatizzato. Anziché utilizzare un libro degli ordini tradizionale, gli utenti forniscono liquidità e ricevono in cambio una quota delle commissioni di trading.

**7. Algorand (ALGO)**: Focalizzato sulla creazione di una blockchain scalabile e sicura, Algorand utilizza un approccio unico al consenso chiamato Proof of Stake puro. L'obiettivo è supportare applicazioni a grande scala.

**Conclusioni**: L'investimento in criptovalute è rischioso e le valutazioni possono essere altamente volatili. È essenziale fare proprie ricerche e, se necessario, consultare un professionista finanziario. I progetti menzionati sono solo una piccola frazione dell'ecosistema cripto. Nuovi progetti emergono regolarmente, e ciò che oggi sembra promettente può cambiare nel tempo a seconda degli sviluppi del mercato e delle innovazioni tecnologiche.

L'analisi approfondita delle criptovalute emergenti richiede uno sguardo attento non solo alle tecnologie alla base, ma anche ai team dietro di loro, alla comunità che le supporta, ai problemi che cercano di risolvere e alla visione a lungo termine. Ecco alcune altre analisi dettagliate riguardo ai progetti e token emergenti:

**8. VeChain (VET)**: VeChain si propone come soluzione alla crescente necessità di una supply chain trasparente e verificabile. Utilizzando la blockchain, VeChain permette la tracciabilità e l'autenticazione dei prodotti, dalle materie prime alla vendita al dettaglio. Ciò ha implicazioni importanti per settori come il lusso, l'agroalimentare e la farmaceutica, dove la contraffazione può avere conseguenze disastrose.

**9. Cosmos (ATOM)**: Cosmos si autodefinisce "l'Internet delle blockchain". Il suo obiettivo è creare una rete di blockchain interconnesse, permettendo loro di comunicare e trasferire valore tra di loro. Questo approccio modulare ha il potenziale di rompere le "silos" esistenti tra le diverse reti blockchain.

**10. Tezos (XTZ)**: Tezos è una blockchain per contratti intelligenti e applicazioni decentralizzate, simile ad Ethereum. Tuttavia, si distingue per il suo approccio alla governance on-chain, permettendo agli stakeholder di prendere decisioni e modifiche al protocollo. Questo modello ha lo scopo di evitare divisioni comuni nel mondo cripto, come i fork.

**11. The Graph (GRT)**: The Graph è un protocollo per l'indicizzazione e la query dei dati dal blockchain in modo efficiente. Serve come un "Google" per le blockchain, permettendo alle applicazioni decentralizzate di accedere ai dati necessari in modo rapido e costante.

**12. Kusama (KSM)**: Definita come la "rete sperimentale" per Polkadot, Kusama è una piattaforma per progetti blockchain innovativi. Mentre Polkadot si concentra sulla stabilità e l'affidabilità, Kusama è più adatto per progetti sperimentali e innovativi che vogliono essere lanciati rapidamente.

**13. Filecoin (FIL)**: Filecoin mira a creare un mercato decentralizzato per lo storage di dati. Invece di affidarsi a data center centralizzati, Filecoin permette agli individui di affittare il loro spazio di archiviazione inutilizzato, creando una rete di storage distribuito.

**14. Decentraland (MANA):** Decentraland è una piattaforma di realtà virtuale alimentata dalla blockchain. Gli utenti possono acquistare, sviluppare e vendere porzioni di questo mondo virtuale, con la proprietà e le transazioni validate sulla blockchain.

Mentre queste piattaforme e token hanno generato molto interesse nel mondo delle criptovalute, è fondamentale ricordare che il settore è noto per la sua volatilità e i rischi associati. Come sempre, chiunque consideri un investimento dovrebbe fare una ricerca approfondita e, se possibile, consultarsi con un esperto del settore prima di prendere decisioni finanziarie.

## Polkadot: Una visione rivoluzionaria della connettività blockchain

**Introduzione:** Polkadot, progettato dal Dr. Gavin Wood - uno dei co-fondatori di Ethereum - è una piattaforma multi-chain che mira a collegare diverse blockchain tra loro, permettendo loro di comunicare e trasferire messaggi e valore in modo sicuro e senza frizioni. È emerso come una delle soluzioni più ambiziose e promettenti nel panorama delle criptovalute.

**Architettura Unica:** La struttura di Polkadot è composta da una serie di "parachain", o catene parallele, che operano contemporaneamente. Queste parachain sono individuali e specializzate, ma sono collegate tra loro e alla principale "Relay Chain" di Polkadot. La Relay Chain è il cuore di Polkadot, responsabile della sicurezza e della cross-comunicazione tra le diverse parachain.

**Interoperabilità:** Una delle sfide principali nel mondo delle criptovalute è l'isolamento tra le diverse blockchain. Ogni blockchain tende ad operare come un'isola, separata dalle altre. Polkadot affronta questa sfida testa a testa, permettendo alle diverse blockchain di comunicare tra loro. Questa interoperabilità può portare a nuove applicazioni e servizi che prima erano impensabili, a causa delle barriere tra le reti.

**Sicurezza Potenziata:** Mentre ogni parachain può avere il suo sistema di sicurezza, la Relay Chain di Polkadot fornisce un livello aggiuntivo di sicurezza per tutte le catene collegate. Questa approccio "condiviso" alla sicurezza permette alle piccole blockchain di beneficiare di un livello di sicurezza che, altrimenti, potrebbero non essere in grado di raggiungere da sole.

**Adattabilità e Governance:** Uno dei punti di forza di Polkadot è il suo sistema di governance on-chain, che permette agli stakeholder di proporre, discutere e implementare cambiamenti al protocollo senza bisogno di fork. Questa adattabilità intrinseca significa che Polkadot può evolversi e adattarsi alle esigenze in continua evoluzione dell'ecosistema blockchain.

**Scalabilità:** L'architettura di Polkadot, con le sue molteplici parachain che operano in parallelo, offre una soluzione intrinseca ai problemi di scalabilità che affliggono molte blockchain. Invece di affrontare un ingorgo di transazioni su una singola catena, Polkadot può processare molteplici transazioni su diverse catene in parallelo.

**Conclusione:** Polkadot rappresenta un passo avanti significativo nell'evoluzione delle tecnologie blockchain. Con la sua visione di un ecosistema blockchain interconnesso, potenzia le possibilità di innovazione e collaborazione tra diversi progetti. Mentre il futuro è sempre incerto, Polkadot sembra ben posizionato per svolgere un ruolo centrale nel plasmare l'evoluzione del settore delle criptovalute e blockchain.

11. ICOs, IEOs e STOs: Come funzionano e come
valutare le opportunità d'investimento.

## ICOs, IEOs e STOs: Il panorama delle offerte di criptovalute e come navigarle

### ICOs (Initial Coin Offerings):

- **Definizione:** L'ICO è un metodo di raccolta fondi per i progetti blockchain. Gli sviluppatori offrono ai potenziali investitori dei token in cambio di criptovalute già consolidate come Bitcoin o Ethereum.

- **Vantaggi:** Permette ai progetti di bypassare i tradizionali metodi di finanziamento e di accedere direttamente a una vasta base di investitori.

- **Rischi:** Molti progetti ICO non hanno un prodotto funzionante al momento del lancio, il che aumenta i rischi per gli investitori. Inoltre, alcune ICO si sono rivelate truffe.

### IEOs (Initial Exchange Offerings):

- **Definizione:** Un IEO è simile a un ICO, ma avviene attraverso una piattaforma di scambio criptovaluta. L'exchange funge da intermediario tra sviluppatori e investitori.

- **Vantaggi:** Gli IEO tendono ad offrire un livello di sicurezza maggiore rispetto agli ICO, in quanto gli exchange di solito conducono controlli preliminari sui progetti che desiderano lanciare un IEO sulla loro piattaforma.

- **Rischi:** Anche se un progetto viene approvato per un IEO, non garantisce il successo o la validità del progetto a lungo termine.

**STOs (Security Token Offerings):**

- **Definizione:** Gli STO sono un tipo di offerta che coinvolge security tokens, che rappresentano un interesse economico in un'entità, come azioni, obbligazioni o beni immobili.

- **Vantaggi:** Gli STO sono regolamentati e offrono una maggiore protezione per gli investitori rispetto agli ICO e IEO. Gli investitori in STO hanno diritti legali come il diritto di voto o il diritto a una parte dei profitti.

- **Rischi:** Essendo regolamentati, gli STO richiedono una maggiore conformità, il che può comportare costi più elevati per i progetti. Gli investitori potrebbero anche essere limitati sulla base della loro ubicazione o status finanziario.

**Come valutare le opportunità d'investimento:**

1. **Ricerca dettagliata:** Esamina il whitepaper del progetto, il team dietro di esso e la visione proposta.

2. **Guarda oltre l'hype:** Non lasciarti influenzare esclusivamente dal buzz o dalla promozione.

3. **Valuta la necessità del token:** Il token proposto ha uno scopo funzionale nel progetto o sembra essere un mezzo per raccogliere fondi?

4. **Consulenza legale:** Assicurati che l'offerta rispetti le leggi e regolamenti del tuo paese.

5. **Guarda la concorrenza:** Il progetto propone una soluzione unica o esistono altri concorrenti nello stesso spazio?

**Conclusione:** Gli ICOs, IEOs e STOs offrono molte opportunità, ma anche rischi significativi. È essenziale per gli investitori fare la dovuta diligenza e capire appieno il progetto e le sue prospettive prima di impegnare qualsiasi fondi.

**Regolamentazione e Conformità:** Un punto cruciale quando si tratta di ICOs, IEOs e STOs è la regolamentazione. Diversi paesi hanno approcci differenti alla regolamentazione di queste offerte. Mentre alcune nazioni hanno accolto a braccia aperte queste forme di raccolta fondi, altre sono state più caute, stabilendo linee guida stringenti o addirittura proibendo tali pratiche.

**Ruolo dei Consulenti:** Molti progetti che optano per una ICO o IEO spesso si avvalgono di consulenti. Questi esperti possono avere un ruolo chiave nel guidare il progetto attraverso la complicata rete di marketing, tecnologia e conformità legale. Tuttavia, è essenziale notare che la presenza di un consulente noto non garantisce il successo o la legittimità di un progetto. Gli investitori dovrebbero sempre fare le loro verifiche prima di investire.

**L'importanza della Trasparenza:** Uno degli aspetti critici per valutare un'opportunità di investimento in una ICO, IEO o STO è la trasparenza offerta dal progetto. Ciò include la chiarezza sulle modalità di utilizzo dei fondi raccolti, i dettagli tecnici del progetto e l'accessibilità del team alle domande della comunità.

**Differenze chiave tra ICO e STO:** Mentre le ICO e le STO possono sembrare simili in superficie, presentano differenze fondamentali. Una ICO solitamente offre un token che ha una funzione all'interno del suo ecosistema (come un token utility), ma non offre diritti di proprietà o rivendicazioni sul flusso di entrate o profitti. Al contrario, una STO offre token che rappresentano una partecipazione in un asset sottostante, come un'azienda, immobili o altri beni.

**Soft Cap vs. Hard Cap:** Questi sono termini frequentemente utilizzati quando si discute di ICOs e IEOs. Il soft cap è l'obiettivo minimo di raccolta fondi che un progetto mira a raggiungere, mentre il hard cap è il massimo ammontare di fondi che un progetto è disposto a raccogliere. Se un progetto non raggiunge il suo soft cap, potrebbe restituire i fondi agli investitori, indicando che il progetto potrebbe non andare avanti come previsto.

**La critica alle ICO:** Le ICO sono state al centro di numerose critiche. Mentre hanno permesso a molti progetti legittimi di ottenere finanziamenti, hanno anche attirato attività fraudolente. A causa di questa natura non regolamentata e della mancanza di standard chiari, molte ICO si sono rivelate truffe, dove gli sviluppatori raccolgono fondi e poi scompaiono senza portare avanti il progetto promesso.

**L'evoluzione delle IEO:** In risposta ai problemi legati alle ICO, le IEO sono emerse come una soluzione più sicura. Poiché sono condotte attraverso piattaforme di scambio, offrono un livello di fiducia e sicurezza maggiore. Gli exchange fanno la loro due diligence sui progetti, filtrando quelli che potrebbero essere considerati rischiosi o dubbi.

**Considerazioni sul Tokenomics:** Il "tokenomics" si riferisce alla struttura economica dietro il token offerto. Ciò include come i token vengono distribuiti, il loro prezzo, la quantità totale di token, i possibili incentivi per mantenere il token e così via. Un solido modello tokenomico può essere indicativo della sostenibilità e del valore a lungo termine del progetto.

**Conclusioni provvisorie:** L'ambiente delle offerte di criptovalute, sebbene promettente e innovativo, è anche complicato e pieno di sfide. La chiave per navigare in questo spazio come investitore è l'educazione, la ricerca e una solida comprensione dei rischi coinvolti.

**La Volatilità delle ICOs:** Gli investimenti in ICOs sono noti per la loro volatilità. Alcuni progetti hanno visto incrementi esponenziali nel valore poco dopo la loro ICO, mentre altri hanno avuto performance meno stellari. Questa volatilità è spesso alimentata da fattori come le speculazioni, le notizie sul progetto, l'adozione da parte della comunità e i cambiamenti nel panorama regolamentare.

**Le Roadmap e l'Importanza della Consegna:** Molti progetti che intraprendono ICOs o IEOs forniscono una roadmap, che è essenzialmente un piano dettagliato su come intendono procedere nello sviluppo del progetto nel tempo. Gli investitori intelligenti guardano attentamente a queste roadmap per vedere se un progetto sta effettivamente seguendo quello che ha promesso e se ci sono stati ritardi o cambiamenti nei piani.

**Ecosistema delle ICO e IEO:** Mentre l'attenzione si concentra spesso sul progetto stesso, è essenziale considerare anche l'intero ecosistema. Questo include le partnership con altre aziende, gli sviluppatori e le comunità che supportano il progetto e gli eventuali competitor.

**Il Ruolo delle Whitepapers:** Le whitepapers sono documenti che i progetti rilasciano prima di una ICO o IEO. Contengono dettagli tecnici, obiettivi del progetto, dettagli sul tokenomics e altre informazioni pertinenti. Mentre una whitepaper ben scritta può fornire molte informazioni utili, è importante per gli investitori non basarsi esclusivamente su di essa, ma fare ulteriori ricerche per verificare le affermazioni fatte nel documento.

**Lock-up Period e Vesting:** Alcune ICOs e IEOs hanno periodi di lock-up per i token, durante i quali i detentori non possono vendere o trasferire i loro token. Questo può essere fatto per vari motivi, come stabilizzare il prezzo iniziale del token o garantire che i primi investitori siano al progetto a lungo termine. Questi dettagli sono spesso delineati nelle whitepapers o nei termini di vendita.

**Considerazioni sulla Liquidità:** La liquidità si riferisce alla facilità con cui un asset può essere convertito in liquidità senza influire significativamente sul suo prezzo. Nel contesto delle ICOs e IEOs, ciò può diventare un problema se non ci sono abbastanza acquirenti e venditori o se il token non viene quotato in borse significative.

**Il Ruolo delle Comunità:** Le comunità giocano un ruolo cruciale nel successo delle ICOs e IEOs. Una comunità attiva e coinvolta può sostenere un progetto attraverso tempi difficili, fornire feedback prezioso e aiutare a diffondere la parola. I progetti spesso interagiscono con le loro comunità attraverso piattaforme come Telegram, Reddit e Twitter.

**Il Futuro delle ICOs e IEOs:** Con l'evoluzione del paesaggio criptato e del panorama regolamentare, è probabile che vedremo cambiamenti nel modo in cui le ICOs e le IEOs vengono condotte. Nuovi modelli potrebbero emergere, e la conformità diventerà ancora più centrale per garantire il successo e la legittimità di queste offerte.

**Il Valore degli Audit di Sicurezza:** Prima di investire in una ICO o IEO, è cruciale verificare se il progetto ha subito audit di sicurezza da terze parti. Questi audit possono rivelare potenziali problemi o vulnerabilità nel codice del progetto, assicurando che i fondi degli investitori siano al sicuro.**ICOs, IEOs e**

## STOs: Come funzionano e come valutare le opportunità d'investimento - Conclusione:

Le Initial Coin Offerings (ICOs), le Initial Exchange Offerings (IEOs) e le Security Token Offerings (STOs) rappresentano meccanismi innovativi di raccolta fondi nel settore delle criptovalute e della blockchain. Tuttavia, mentre queste forme di offerte hanno offerto opportunità senza precedenti sia per gli sviluppatori che per gli investitori, hanno anche introdotto un insieme unico di sfide e rischi.

1. **Natura e Finalità**: Le ICOs sono generalmente utilizzate da start-up blockchain per raccogliere fondi per i loro progetti, emettendo un token che ha un utilizzo specifico all'interno dell'ecosistema del progetto. Le IEOs seguono un approccio simile, ma la vendita avviene direttamente su una piattaforma di scambio, offrendo una maggiore sicurezza e legittimità. Le STOs, d'altro canto, emettono token che rappresentano un asset sottostante, come azioni in un'impresa, rendendole molto simili ai titoli tradizionali.

2. **Valutazione e Due Diligence**: La chiave per investire con successo in ICOs, IEOs e STOs risiede nella due diligence. Questo implica esaminare attentamente la whitepaper, valutare il team dietro il progetto, comprendere il problema che il progetto mira a risolvere e

valutare la fattibilità e l'unicità della soluzione proposta. Inoltre, è essenziale considerare la trasparenza del progetto, l'interazione con la comunità e le partnership stabilite.

3. **Rischi e Considerazioni**: Come con qualsiasi investimento, le ICOs, IEOs e STOs non sono esenti da rischi. Oltre alla volatilità intrinseca del mercato delle criptovalute, ci sono rischi legati alla regolamentazione, possibili ritardi nello sviluppo, concorrenza e, in alcuni casi, frodi o truffe. Pertanto, è vitale che gli investitori siano cauti e ben informati.

4. **Implicazioni Regolamentari**: Dato che le STOs sono essenzialmente titoli, sono soggette a una regolamentazione molto più stringente rispetto alle ICOs e IEOs. Molte giurisdizioni stanno ancora cercando di capire come regolamentare adeguatamente le ICOs e le IEOs per proteggere gli investitori senza soffocare l'innovazione.

5. **L'importanza della Liquidità**: La capacità di vendere e acquistare token facilmente è cruciale per gli investitori. La liquidità può essere influenzata da diversi fattori, tra cui l'accettazione del token da parte delle principali piattaforme di scambio, l'interesse e l'adozione

da parte della comunità e l'utilità intrinseca del token.

6. **Guardare al Futuro**: Mentre le ICOs hanno dominato il paesaggio di raccolta fondi del 2017 e 2018, le IEOs e le STOs stanno guadagnando terreno grazie alla loro maggiore sicurezza, trasparenza e conformità regolamentare. La continua maturazione del settore vedrà probabilmente l'emergere di nuovi modelli di offerta e una maggiore enfasi sulla protezione degli investitori e sulla sostenibilità a lungo termine dei progetti.

In sintesi, mentre le ICOs, IEOs e STOs rappresentano opportunità eccitanti nel mondo delle criptovalute, richiedono un'approfondita comprensione, ricerca e cautela da parte degli investitori. Come sempre, è essenziale diversificare gli investimenti e non investire più di quanto ci si può permettere di perdere.

12. Adozione e Uso Quotidiano: Come le criptovalute stanno diventando parte della vita di tutti i giorni.

## Adozione e Uso Quotidiano: Come le criptovalute stanno diventando parte della vita di tutti i giorni.

Con la crescente popolarità e la visibilità del settore delle criptovalute, la sua adozione nel quotidiano sta diventando sempre più tangibile. Anche se all'inizio il concetto di criptovaluta era oscuro e riservato a un pubblico di nicchia, oggi sta permeando diverse sfere della nostra vita quotidiana.

1. **Pagamenti e Transazioni**: Una delle funzioni primarie delle criptovalute è servire come mezzo di scambio. Ad oggi, molte aziende, sia online che offline, accettano Bitcoin e altre criptovalute come forma di pagamento. Questo va dalle piccole imprese locali ai giganti del commercio elettronico e ai servizi di viaggio.

2. **Trasferimenti e Rimessenze**: Le criptovalute sono particolarmente utili per i trasferimenti internazionali. Rispetto ai tradizionali servizi bancari e di rimessa, le criptotrasferenze sono spesso più veloci e meno costose, rendendole una scelta preferita per molte persone che inviano denaro all'estero.

3. **Tecnologia dei Contratti Intelligenti**: Piattaforme come Ethereum hanno introdotto il concetto di "contratti intelligenti", che sono programmi auto-esecutivi con le istruzioni direttamente scritte nel codice. Questi hanno enormi potenzialità in settori come l'immobiliare, l'intrattenimento, la finanza e molti altri.

4. **Acquisti Quotidiani**: Le carte di debito basate su criptovaluta permettono agli utenti di spendere le loro criptovalute come farebbero con una normale carta di debito. Questo ponte tra moneta tradizionale e criptovaluta sta rendendo le criptovalute sempre più pratiche per le spese quotidiane.

5. **Servizi Bancari e Finanziari**: Con l'ascesa della DeFi (Finanza Decentralizzata), i servizi tradizionalmente forniti dalle banche, come il prestito e il risparmio, stanno diventando disponibili nel mondo delle criptovalute, spesso con rendimenti più elevati.

6. **Tipping e Micro-pagamenti**: Piattaforme come BAT (Basic Attention Token) stanno rivoluzionando il modo in cui i contenuti online sono monetizzati, permettendo ai consumatori di "manciare" i creatori di contenuti direttamente.

7. **Identità e Notarizzazione**: La blockchain può essere utilizzata per creare sistemi di identità sicuri e inalterabili, così come per notarizzare documenti in modo sicuro e permanente.

8. **Fedelta' e Programmi di Ricompensa**: Alcune aziende stanno esplorando l'uso delle criptovalute come token di fedeltà, rendendo le ricompense più tangibili e trasferibili.

9. **Arte e Collezionismo**: L'arte digitale e i collezionabili, come CryptoKitties o NBA Top Shot, stanno diventando sempre più popolari, con le criptovalute che permettono di confermare l'autenticità e la proprietà di un'opera d'arte o di un oggetto da collezione.

10. **Educazione e Formazione**: Molte istituzioni educative stanno offrendo corsi su blockchain e criptovalute, riconoscendo la loro importanza crescente nel panorama globale.

In sintesi, l'adozione delle criptovalute sta accelerando a un ritmo sorprendente. Nonostante i periodi di volatilità e le sfide normative, le criptovalute stanno lentamente, ma inesorabilmente, integrandosi nel tessuto della nostra società. E come con ogni nuova tecnologia, ci aspettiamo che il loro ruolo nella nostra vita quotidiana diventi sempre più pronunciato nel prossimo futuro.

Oltre ai suddetti settori e utilità, le criptovalute stanno permeando altri aspetti della vita quotidiana, ampliando la loro rilevanza e adozione:

**Micro-transazioni e servizi online**: Uno dei limiti dei tradizionali sistemi di pagamento online è la difficoltà nel gestire piccole transazioni a causa delle tariffe associate. Le criptovalute, in particolare quelle con commissioni di transazione minime o nulle, stanno diventando strumenti ideali per gestire micro-transazioni. Ad esempio, possono essere utilizzate per accedere a contenuti premium su piattaforme di media, sbloccare funzionalità speciali in applicazioni o persino pagare per ogni minuto di visione di un video.

**Filantropia e Donazioni**: Le criptovalute stanno diventando uno strumento popolare per la filantropia. Le donazioni in criptovaluta possono essere trasparenti, permettendo ai donatori di vedere esattamente come vengono utilizzati i loro fondi. Organizzazioni benefiche in tutto il mondo stanno iniziando ad accettare criptovalute, facilitando donazioni da parte di donatori internazionali senza la necessità di preoccuparsi delle conversioni di valuta o delle commissioni bancarie.

**Nell'ambito dei diritti umani e dell'attivismo**: In paesi con regimi oppressivi, le criptovalute offrono un mezzo per evadere la censura finanziaria, permettendo alle persone di ricevere fondi o fare donazioni a cause

senza il timore di ritorsioni da parte del governo.
Questo sta avendo un impatto significativo,
permettendo agli attivisti di sostenere le loro cause e
continuare il loro importante lavoro.

**Applicazioni per il Gaming**: L'industria del gioco
online sta rapidamente adottando la blockchain e le
criptovalute. Dai giochi che utilizzano token per
rappresentare oggetti all'interno del gioco, agli
ecosistemi di gioco che permettono ai giocatori di
guadagnare criptovalute giocando o partecipando, le
possibilità sono innumerevoli.

**Mercati emergenti**: In molte regioni con sistemi
finanziari instabili o inaccessibili, le criptovalute
stanno diventando una forma di riserva di valore o un
mezzo di scambio preferito. Questo è particolarmente
evidente in paesi che affrontano iperinflazione, dove la
moneta locale perde rapidamente valore.

**Protezione contro la confisca**: Le criptovalute,
essendo decentralizzate e controllate da chi possiede le
chiavi private, offrono una sorta di protezione contro la
confisca governativa. Questo è particolarmente
importante in paesi dove ci sono preoccupazioni legate
alla confisca di beni o dove il sistema finanziario
tradizionale non è considerato affidabile.

**Servizi finanziari per i non bancarizzati**: Una
delle promesse più potenti delle criptovalute è la loro
capacità di portare servizi finanziari alle persone non

bancarizzate. Ci sono miliardi di persone in tutto il mondo senza accesso a servizi bancari tradizionali. Attraverso la tecnologia delle criptovalute e delle app mobili, queste persone possono ora avere accesso a servizi come prestiti, risparmio e trasferimenti di denaro.

Man mano che la tecnologia delle criptovalute continua a evolversi e maturare, è probabile che vedremo ulteriori innovazioni e applicazioni che influenzeranno la nostra vita quotidiana in modi che non possiamo ancora immaginare. La combinazione di trasparenza, sicurezza, decentralizzazione e innovazione che le criptovalute portano sta cambiando il modo in cui interagiamo con il denaro e i servizi finanziari a un livello fondamentale.

L'adozione e l'uso quotidiano delle criptovalute rappresentano non solo una rivoluzione nel mondo finanziario ma anche un profondo cambiamento nel tessuto socio-economico globale. Mentre la tecnologia dietro le criptovalute continua a evolversi, l'impact sulla società diventa sempre più tangibile. Ecco una sintesi dettagliata di questo impatto e delle potenziali prospettive future:

**1. Democratizzazione dell'Accesso Finanziario:** Le criptovalute stanno abbattendo le barriere geografiche e socio-economiche, garantendo a chiunque con una connessione internet l'accesso ai servizi finanziari. Questo ha un impatto particolarmente profondo nelle regioni sottoservite, dove l'accesso alle banche tradizionali può essere limitato o inesistente.

**2. Autonomia e Sovranità Finanziaria:** Le criptovalute forniscono agli individui un controllo senza precedenti sui loro fondi, riducendo la necessità di intermediari e proteggendo gli utenti da possibili restrizioni, confische o controlli capitali imposti da governi o entità centralizzate.

**3. Innovazione e Nuove Opportunità Economiche:** L'espansione dell'ecosistema cripto ha portato alla nascita di nuovi modelli di business, dall'estrazione alla staking, dai servizi di DeFi alle piattaforme di trading. Questi nuovi modelli creano opportunità di lavoro, stimolano l'innovazione e potenzialmente generano nuova ricchezza.

**4. Sicurezza e Trasparenza:** Le transazioni in criptovaluta, registrate sulla blockchain, offrono un livello di trasparenza e sicurezza che è difficile da replicare con i sistemi tradizionali. Questo può portare a una maggiore fiducia nel sistema da parte degli utenti, pur mantenendo la privacy e l'anonimato quando necessario.

**5. Sfide e Adattamento:** Mentre l'adozione delle criptovalute continua a crescere, ci sono ancora molte sfide da affrontare, come la volatilità del mercato, la regolamentazione incerta e la necessità di una maggiore educazione e consapevolezza del pubblico. Tuttavia, con ogni sfida, emergono anche soluzioni innovative.

**6. Prospettive Future:** Con il crescente interesse da parte di istituzioni finanziarie tradizionali, governi e aziende di tutto il mondo, l'adozione delle criptovalute è destinata a espandersi ulteriormente. Man mano che diventano più integrate nel nostro quotidiano, è probabile che assistiamo a una maggiore stabilizzazione del mercato, a una regolamentazione più chiara e a ulteriori innovazioni che rendono le criptovalute ancora più accessibili e utili.

In conclusione, mentre le criptovalute iniziarono come un esperimento tecnologico, ora stanno influenzando significativamente il modo in cui le persone interagiscono con il denaro e conducono affari a livello globale. Le implicazioni di questa rivoluzione sono vaste e, anche se ci sono ancora molte incognite sulla direzione futura, è chiaro che le criptovalute stanno giocando e continueranno a giocare un ruolo cruciale nella formazione del futuro economico e sociale del mondo.

13. Regolamentazione e Legislazione: Una panoramica delle leggi e normative nei principali paesi.

## Regolamentazione e Legislazione delle Criptovalute: Una panoramica delle leggi e normative nei principali paesi.

Le criptovalute, grazie alla loro crescente popolarità e diffusione, hanno attirato l'attenzione dei regolatori in tutto il mondo. La loro natura decentralizzata, combinata con l'anonimato relativo che possono offrire, ha sollevato preoccupazioni in ambiti come la prevenzione del riciclaggio di denaro e la protezione dei consumatori. Di seguito, una panoramica delle risposte normative di alcuni paesi chiave:

**1. Stati Uniti:** La Securities and Exchange Commission (SEC) ha indicato che molte criptovalute e Initial Coin Offerings (ICO) possono rientrare nella definizione di titoli, soggetti quindi a specifiche regolamentazioni. Il Department of the Treasury, attraverso il Financial Crimes Enforcement Network (FinCEN), ha emesso linee guida sulla natura e l'uso delle criptovalute. Il paese ha adottato un approccio piuttosto rigoroso, in particolare per le ICO, richiedendo adempimenti rigorosi per prevenire il riciclaggio di denaro.

**2. Unione Europea:** La UE ha esaminato le criptovalute principalmente sotto l'aspetto del riciclaggio di denaro e del finanziamento del terrorismo. La quinta direttiva antiriciclaggio (5AMLD) ha esteso la regolamentazione alle piattaforme di scambio di criptovalute e ai wallet provider. La Banca Centrale Europea ha esortato gli Stati membri a rafforzare le normative e a prevenire rischi per i consumatori.

**3. Cina:** La Cina ha adottato un approccio piuttosto rigoroso, mettendo al bando le ICO nel 2017 e chiudendo le piattaforme di scambio locali. Nonostante ciò, il paese sta esplorando attivamente l'utilizzo della tecnologia blockchain e ha annunciato piani per la propria valuta digitale centralizzata.

**4. Giappone:** Il Giappone ha riconosciuto il Bitcoin come metodo legale di pagamento nel 2017, ma ha introdotto rigorose regolamentazioni sulle piattaforme di scambio, richiedendo licenze e standard operativi elevati.

**5. Corea del Sud:** Dopo alcuni passi avanti e indietro, il paese ha stabilito un quadro normativo che richiede alle piattaforme di scambio di cooperare con le banche locali e di ottenere licenze appropriate. Le ICO, tuttavia, rimangono vietate.

**6. India:** Dopo aver inizialmente proibito le banche di lavorare con aziende legate alle criptovalute nel 2018, la Corte Suprema indiana ha revocato tale divieto nel 2020. Tuttavia, il paese sta ancora lavorando su un quadro normativo chiaro.

**7. Australia:** L'Australia ha riconosciuto le criptovalute come proprietà e ha imposto l'IVA sulle vendite di Bitcoin. Nel 2017, ha riformato le leggi sulla tassazione per prevenire la doppia tassazione di alcune transazioni in criptovaluta.

**8. Russia:** Le autorità russe hanno adottato un approccio oscillante. Mentre hanno espresso interesse nella blockchain e nelle potenziali valute digitali centralizzate, ci sono state anche discussioni su possibili divieti o restrizioni sulle criptovalute.

**Conclusioni:** La regolamentazione delle criptovalute rimane un argomento in evoluzione in molti paesi. Mentre alcuni vedono le criptovalute come una minaccia e hanno imposto divieti rigorosi, altri le hanno accolte con un quadro normativo ben definito. L'obiettivo comune sembra essere la protezione dei consumatori e la prevenzione di attività illegali. Tuttavia, vista la natura in evoluzione delle criptovalute e della tecnologia blockchain, è probabile che le normative continuino ad adattarsi nei prossimi anni.

La regolamentazione delle criptovalute rappresenta una sfida intrigante per le autorità globali, poiché le monete digitali sfidano le nozioni tradizionali di sovranità, controllo e frontiere. Mentre abbiamo già toccato le politiche di alcuni paesi chiave, è importante sottolineare che la reazione di ogni paese alla crescente ondata di criptovalute è influenzata sia da fattori economici che da considerazioni sociali e politiche.

**Brasile:** Nell'emisfero sudamericano, il Brasile ha mostrato un interesse crescente per le criptovalute. La Commissione di Valori Mobiliari (CVM) ha inizialmente avvertito gli investitori sui rischi delle ICO, ma nel 2019 ha permesso agli hedge fund di investire in asset esteri, che potrebbero includere investimenti in criptovalute. Tuttavia, la chiarezza normativa rimane un'area di interesse, dato l'ampio utilizzo delle criptovalute nel paese.

**Regno Unito:** Dopo la Brexit, il Regno Unito sta cercando di delineare la sua posizione sulle criptovalute. La Financial Conduct Authority (FCA) ha emesso avvertimenti sui rischi delle ICO e ha vietato la vendita al dettaglio di derivati e note scambiabili collegati a criptovalute non regolamentate. Tuttavia, si riconosce anche il potenziale innovativo della tecnologia blockchain.

**Sud Africa:** In Africa, il Sudafrica ha adottato un approccio cauto ma aperto. La South African Reserve Bank (SARB) non considera le criptovalute come "valuta" per definizione legale, ma non le ha vietate. Infatti, il paese sta sperimentando un quadro normativo sperimentale per le criptovalute per comprendere meglio le potenziali applicazioni e preoccupazioni.

**Singapore:** Uno degli hub finanziari dell'Asia, Singapore ha adottato un approccio equilibrato. La Monetary Authority of Singapore (MAS) ha regolamentato le offerte di token digitali se i token rappresentano titoli o prodotti d'investimento ai sensi della legge sui titoli e futures. Singapore è diventata anche un hub per molte startup blockchain, grazie alla sua posizione amichevole.

**Svizzera:** Nota per il suo sistema bancario, la Svizzera ha cercato di diventare una "nazione blockchain". La Swiss Financial Market Supervisory Authority (FINMA) ha emesso linee guida sul trattamento regolamentare delle ICO e ha delineato come considera i token.

Mentre le criptovalute rappresentano una frontiera in gran parte non mappata nel mondo della finanza, la blockchain, la tecnologia alla base di molte di queste criptovalute, ha ricevuto un'accoglienza più univocamente positiva. Alcuni paesi, come gli Emirati

Arabi Uniti, stanno sperimentando sistemi di registrazione basati su blockchain, mentre altre nazioni, come la Cina, stanno esplorando la potenziale implementazione di valute digitali del banco centrale basate su blockchain. Tali sforzi indicano un riconoscimento del potenziale della tecnologia, anche se le criptovalute stesse possono suscitare preoccupazioni.

A livello globale, organizzazioni come il Gruppo di Azione Finanziaria (GAFI) stanno cercando di fornire linee guida e raccomandazioni per la regolamentazione delle criptovalute, in particolare per prevenire il riciclaggio di denaro e il finanziamento del terrorismo. Mentre la regolamentazione continua ad adattarsi al paesaggio in rapida evoluzione delle criptovalute, una cosa è chiara: le monete digitali hanno attirato l'attenzione del mondo e continueranno a influenzare le decisioni politiche nei prossimi anni.

La regolamentazione delle criptovalute ha portato all'avanguardia una serie di sfide, opportunità e dilemmi per i responsabili politici, i regolatori e le istituzioni finanziarie globali. La natura decentralizzata e sovranazionale delle criptovalute rappresenta un notevole contrasto con i tradizionali sistemi finanziari centralizzati, richiedendo un rinnovato approccio normativo.

**Ambito di Applicazione della Regolamentazione:** La definizione di cosa costituisca una "criptovaluta" varia notevolmente da una giurisdizione all'altra. Mentre alcune nazioni considerano le criptovalute come una forma di proprietà, altre le vedono come valute, e altre ancora come titoli. Questa diversità di definizioni ha portato a una vasta gamma di approcci regolamentari. Ad esempio, negli Stati Uniti, il trattamento fiscale delle criptovalute le considera proprietà, mentre la SEC (Securities and Exchange Commission) può considerare alcune offerte di criptovalute come offerte di titoli.

**Aspetti della Regolamentazione:** Le principali aree di interesse per la regolamentazione includono la protezione degli investitori, la prevenzione del riciclaggio di denaro e del finanziamento del terrorismo, la stabilità finanziaria e la competizione. Le Initial Coin Offerings (ICO), ad esempio, sono state al centro dell'attenzione regolamentare in molte giurisdizioni a causa delle preoccupazioni sulla protezione degli investitori.

**Rischi e Opportunità:** Mentre le criptovalute offrono una serie di vantaggi, come transazioni più rapide, costi di transazione ridotti e maggiore inclusione finanziaria, presentano anche rischi. La volatilità del prezzo, la potenziale mancanza di trasparenza, la vulnerabilità ai cyber-attacchi e la difficoltà nella regolamentazione transfrontaliera sono tutte preoccupazioni per i regolatori.

**Approcci Globali:** A livello internazionale, ci sono state chiamate per un approccio coordinato alla regolamentazione delle criptovalute. Organizzazioni come il G20 e il Gruppo di Azione Finanziaria (GAFI) hanno discusso l'importanza della cooperazione internazionale in questo settore.

**Prospettive future:** La chiarezza normativa è essenziale per garantire la fiducia degli investitori, promuovere l'adozione e minimizzare i rischi associati alle criptovalute. Tuttavia, è essenziale che i regolatori procedano con cautela, garantendo che le regolamentazioni siano flessibili e adattabili alle innovazioni in rapido movimento nel settore delle criptovalute. Una regolamentazione troppo severa potrebbe soffocare l'innovazione, mentre una regolamentazione troppo lassista potrebbe esporre gli investitori a rischi inutili. In sintesi, mentre le criptovalute continuano a plasmare il panorama finanziario mondiale, la regolamentazione deve evolversi di pari passo, bilanciando protezione, innovazione e crescita.

## 14. La Psicologia del Mercato: Comprendere le dinamiche dietro le bolle e i crash

La psicologia del mercato è un campo di studio che esamina le influenze psicologiche dietro le decisioni di trading e investimento dei partecipanti al mercato. Queste influenze psicologiche, sia individuali che collettive, possono avere un impatto significativo sulla direzione e sulla volatilità dei prezzi nel mercato delle criptovalute e in altri mercati finanziari.

**Comportamento dell'investitore:** Gli individui spesso agiscono in modo irrazionale quando si tratta di prendere decisioni finanziarie. Ad esempio, potrebbero diventare troppo ottimisti quando i prezzi sono in aumento e troppo pessimisti quando i prezzi sono in calo. Questo può portare a decisioni di investimento basate più sull'emozione che sulla logica o sull'analisi.

**Euforia e avidità:** Durante una bolla del mercato, c'è un eccesso di ottimismo e gli investitori tendono a comprare in modo eccessivo, spesso guidati dalla FOMO (Fear of Missing Out, paura di perdere un'opportunità). Questa euforia può portare i prezzi ben al di sopra del loro valore intrinseco.

**Paura e panico:** Allo stesso modo, durante un crash di mercato o una correzione, la paura può prendere il sopravvento, portando gli investitori a vendere in modo irrazionale. Ciò può causare una spirale discendente dei prezzi, dove la vendita induce ulteriori vendite.

**Effetto gregge:** Gli investitori tendono spesso a seguire la massa, indipendentemente dal fatto che ciò sia nel loro interesse o meno. Questo comportamento "gregge" può amplificare le tendenze rialziste e ribassiste, portando a bolle e crash.

**Bias cognitivi:** Ci sono numerosi bias cognitivi che influenzano il comportamento degli investitori. Ad esempio, il bias di conferma può portare gli investitori a cercare informazioni che confermano le loro credenze esistenti e ignorare informazioni contrarie. Il bias della rappresentatività può portare gli investitori a credere che i recenti movimenti di prezzo rappresentino una tendenza a lungo termine.

**Speculazione vs. Investimento:** La speculazione implica l'acquisto di un asset nella speranza che aumenti di prezzo, senza riguardo al suo valore intrinseco. L'investimento, d'altra parte, si basa sull'analisi del valore intrinseco e sulla prospettiva di rendimenti futuri. Durante le bolle, la speculazione tende a superare l'investimento.

**Conclusioni:** La comprensione della psicologia del mercato è fondamentale per qualsiasi investitore, in quanto consente di prendere decisioni più informate e di essere consapevoli delle trappole psicologiche che possono influenzare il comportamento. Essere consapevoli delle dinamiche dietro le bolle e i crash può aiutare gli investitori a navigare in mercati volatili e a evitare decisioni precipitose basate sull'emozione piuttosto che sull'analisi. Con l'avvento delle criptovalute, queste dinamiche sono diventate ancora più pronunciate, rendendo la comprensione della psicologia del mercato ancora più cruciale per chi opera in questo settore.

**Anchoring (Ancoraggio):** Questo concetto psicologico si riferisce alla tendenza delle persone a fare affidamento troppo pesantemente sulla prima informazione che incontrano (l'ancora) quando prendono decisioni. Nel contesto degli investimenti, se un investitore acquista una criptovaluta a un certo prezzo, potrebbe ancorare la sua percezione del valore di quella moneta a quel prezzo iniziale, influenzando le sue decisioni future relative a quella moneta, indipendentemente dai cambiamenti nelle condizioni del mercato.

**Overconfidence (Eccessiva fiducia):** Gli investitori spesso sopravvalutano le proprie capacità o informazioni, pensando di avere un vantaggio rispetto agli altri o di poter prevedere i movimenti del mercato. Questo eccesso di fiducia può portare a decisioni di trading eccessivamente aggressive e potenzialmente perdenti.

**Loss Aversion (Aversione alla perdita):** Gli studi hanno dimostrato che la dolorosa sensazione di perdere è psicologicamente circa due volte più potente della piacevole sensazione di guadagno. Questo può portare gli investitori a tenere investimenti perdenti troppo a lungo, sperando che si riprendano, piuttosto che accettare una perdita e passare a opportunità più promettenti.

**Mental Accounting (Contabilità mentale):** Si riferisce alla tendenza delle persone a segregare il denaro in diverse "categorie mentali" e a trattare ogni categoria in modo diverso. Ad esempio, un investitore potrebbe trattare i soldi guadagnati attraverso il trading di criptovalute come "denaro giocattolo", essendo disposto a correre rischi maggiori con esso rispetto ai risparmi di lunga data.

**Herd Behavior (Comportamento di gregge):** Oltre alla tendenza degli investitori a seguire la massa, come menzionato in precedenza, questo comportamento può essere esacerbato in ambienti come i forum online o le chat di criptovaluta, dove le opinioni vocali di pochi possono influenzare la percezione della moltitudine.

**Framing Effect (Effetto dell'inquadratura):** La decisione di un investitore può variare a seconda di come le informazioni gli vengono presentate. Ad esempio, un investitore potrebbe rispondere diversamente all'informazione che una criptovaluta "è aumentata del 10%" rispetto all'informazione che "è diminuita del 20% ma si è poi ripresa del 10%".

**Recency Bias (Bias della recentività):** Gli investitori tendono a dare un peso maggiore agli eventi recenti rispetto a quelli passati. Se una criptovaluta ha visto un forte rialzo recentemente, potrebbero pensare che continuerà a farlo, anche se la tendenza storica dice il contrario.

Ogni uno di questi fattori psicologici svolge un ruolo nel modo in cui gli investitori interpretano le informazioni, prendono decisioni e reagiscono ai movimenti del mercato. Essere consapevoli di questi bias e trappole può aiutare gli investitori a navigare nel tumultuoso mercato delle criptovalute con una maggiore chiarezza e cautela.

**Euforia e Complacenza:** Uno degli aspetti più noti della psicologia del mercato è l'euforia, quella sensazione di invincibilità quando il mercato è in rialzo. Gli investitori iniziano a credere che nulla possa andare storto e che ogni investimento porterà a guadagni enormi. Questa euforia può portare a decisioni d'investimento poco prudenti, poiché gli investitori sottovalutano i rischi associati. Allo stesso modo, la complacenza può renderli non preparati quando il mercato cambia direzione.

**Paura e Panico:** Opposto all'euforia, la paura può scattare quando il mercato inizia a scendere. Gli investitori possono iniziare a vendere precipitosamente, temendo ulteriori perdite. Questo comportamento può in realtà accelerare un crollo del mercato, poiché la vendita porta a ulteriori cali dei prezzi, rafforzando la paura. Se la paura si trasforma in panico, vedremo vendite massive e sconsiderate.

**Conferma Bias (Bias di conferma):** Gli investitori tendono a cercare, interpretare e ricordare le informazioni in modo che confermino le loro credenze preesistenti. Questo può portarli a ignorare o minimizzare le informazioni che contraddicono le loro opinioni. Nel contesto delle criptovalute, un investitore potrebbe concentrarsi esclusivamente su notizie positive riguardanti una determinata moneta e ignorare le notizie negative, portando a una percezione distorta del suo potenziale.

**Optimism Bias (Eccessivo Ottimismo):** Questo è il convincimento che ci siano probabilità maggiori che accadano eventi positivi piuttosto che negativi. Gli investitori che sono eccessivamente ottimisti possono sottovalutare i rischi associati a particolari investimenti in criptovaluta e sopravvalutare i potenziali rendimenti.

**Dipendenza dalla Rappresentatività:** Gli investitori potrebbero basare le loro decisioni su quanto una situazione è rappresentativa di uno stereotipo piuttosto che su una valutazione obiettiva. Ad esempio, se una nuova criptovaluta viene lanciata con caratteristiche simili a una moneta di successo precedente, gli investitori potrebbero automaticamente presumere che avrà lo stesso successo, basandosi sulla rappresentatività piuttosto che su una valutazione dettagliata.

**Sovra-analisi:** Mentre è importante analizzare e fare ricerche prima di fare un investimento, c'è anche il pericolo di sovra-analizzare o paralizzarsi nell'analisi. Gli investitori possono ritardare o evitare decisioni d'investimento perché sentono di non avere mai abbastanza informazioni.

**Effetto Disposizione:** Gli investitori tendono a vendere asset che hanno guadagnato valore troppo in fretta e a tenere quelli che hanno perso valore. Questa tendenza può limitare i guadagni e ampliare le perdite.

Tutti questi fattori mostrano come le emozioni e i pregiudizi cognitivi possano avere un impatto profondo sulle decisioni di investimento nel mercato delle criptovalute, come in qualsiasi altro mercato finanziario. Gli investitori che sono consapevoli di questi aspetti della psicologia del mercato sono meglio attrezzati per evitarli e prendere decisioni più razionali.

Comprendere la psicologia del mercato è fondamentale per qualsiasi investitore, specialmente nel dinamico e spesso volatile mondo delle criptovalute. La natura umana ha dimostrato di seguire modelli prevedibili quando si tratta di prendere decisioni finanziarie. Questi modelli sono spesso dettati da emozioni come paura, avidità, euforia e panico, piuttosto che da una fredda e calcolata analisi. Tali emozioni possono distorcere la nostra capacità di prendere decisioni razionali, portando a potenziali perdite finanziarie.

L'euforia, per esempio, può spingere gli investitori a entrare in un mercato in rialzo, spinti dalla sensazione che il mercato continuerà a crescere indefinitamente. Tuttavia, come la storia ha dimostrato, nessun mercato cresce per sempre. Quando il mercato inizia a scendere, la paura può prendere il sopravvento, spingendo gli investitori a vendere in modo precipitoso, spesso in perdita.

In aggiunta alle emozioni, ci sono una serie di pregiudizi cognitivi che possono influenzare le decisioni di investimento. Il bias di conferma, l'ottimismo eccessivo, la dipendenza dalla rappresentatività, la sovra-analisi e l'effetto disposizione sono solo alcuni esempi di come il nostro cervello può ingannarci e portarci a prendere decisioni non ottimali.

Per navigare con successo nel mercato delle criptovalute, è essenziale che gli investitori siano consapevoli di questi tratti psicologici e lavorino attivamente per mitigarli. Questo può includere la definizione di una strategia di investimento chiara in anticipo, la fissazione di limiti di prezzo per l'acquisto e la vendita, e la resistenza all'impulso di seguire la massa. L'educazione e la consapevolezza sono le chiavi per riconoscere e superare le sfide psicologiche dell'investimento.

In conclusione, mentre le criptovalute rappresentano una frontiera eccitante e in continua evoluzione nel mondo degli investimenti, le leggi della psicologia umana rimangono costanti. Gli investitori che sono in grado di riconoscere e affrontare queste tendenze psicologiche hanno maggiori probabilità di navigare con successo nel mercato e di realizzare guadagni a lungo termine. Pertanto, oltre alla comprensione tecnica e finanziaria, la capacità di gestire e comprendere le proprie emozioni e pregiudizi è un'abilità inestimabile nel mondo degli investimenti in criptovaluta.

15. Strategie d'Investimento: Differenze tra investimento a lungo termine e trading a breve termine.

## Strategie d'Investimento: Differenze tra investimento a lungo termine e trading a breve termine

Nel contesto delle criptovalute, così come in altri mercati finanziari, le strategie d'investimento possono variare notevolmente a seconda dell'orizzonte temporale dell'investitore, dei suoi obiettivi finanziari, della sua tolleranza al rischio e della sua capacità di monitorare i mercati. Queste strategie possono essere principalmente classificate in due categorie: investimento a lungo termine e trading a breve termine. Entrambi gli approcci hanno vantaggi e svantaggi distinti.

**Investimento a Lungo Termine:**

1. **Definizione:** L'investimento a lungo termine, spesso chiamato "HODLing" nel linguaggio delle criptovalute, si riferisce all'acquisto e al mantenimento di un asset per un periodo prolungato, indipendentemente dalle fluttuazioni del mercato a breve termine.

2. **Vantaggi:**

   - **Minore esposizione alla volatilità:** Dato che l'investitore non mira a capitalizzare sulle oscillazioni di prezzo a breve termine, è meno influenzato dalla volatilità giornaliera.

   - **Costi inferiori:** La frequenza ridotta delle transazioni può portare a costi di commissione più bassi.

   - **Implicazioni fiscali:** In molte giurisdizioni, mantenere un investimento per un periodo di tempo più lungo può qualificarsi per tassazione preferenziale sui guadagni in capitale.

3. **Svantaggi:**

- **Liquidità:** Gli asset sono spesso legati per lunghi periodi, riducendo la liquidità disponibile per altri investimenti o necessità.

- **Potenziale mancato profitto:** Gli investitori potrebbero perdere opportunità di trading a breve termine.

**Trading a Breve Termine:**

1. **Definizione:** Il trading a breve termine implica l'acquisto e la vendita di criptovalute entro brevi intervalli di tempo, spesso all'interno di una giornata, una settimana o un mese. L'obiettivo è capitalizzare sulle fluttuazioni di prezzo a breve termine.

2. **Vantaggi:**

- **Opportunità di profitto:** Gli investitori possono trarre profitto da piccoli movimenti di prezzo, potenzialmente ottenendo rendimenti significativi.

- **Flessibilità:** Gli investitori possono adattarsi rapidamente alle condizioni di mercato in evoluzione.

3. **Svantaggi:**

- **Alto rischio:** La volatilità delle criptovalute può portare a perdite significative in brevi periodi di tempo.

- **Costi elevati:** La frequenza delle transazioni può portare a commissioni più elevate.

- **Implicazioni fiscali:** La realizzazione frequente di guadagni potrebbe avere implicazioni fiscali sfavorevoli in alcune giurisdizioni.

In sintesi, sia l'investimento a lungo termine che il trading a breve termine hanno il loro posto nel portafoglio di un investitore. La chiave è la diversificazione e l'adattamento della strategia in base alle proprie esigenze individuali, obiettivi e tolleranza al rischio. Come sempre, è fondamentale effettuare ricerche approfondite e, se necessario, consultare professionisti finanziari prima di prendere decisioni d'investimento.

La scelta tra l'investimento a lungo termine e il trading a breve termine nel mondo delle criptovalute richiede una profonda introspezione riguardo le proprie competenze, la propria disponibilità temporale e, naturalmente, la propria tolleranza al rischio. Oltre ai vantaggi e svantaggi elencati, ci sono altre considerazioni che ogni potenziale investitore dovrebbe ponderare:

1. **Natura delle Criptovalute:** A differenza delle azioni o delle obbligazioni, le criptovalute non rappresentano una quota di proprietà in un'azienda o un ente che garantisce un rendimento. Sono asset puramente speculativi e, per molti, rappresentano una nuova forma di oro digitale. Ciò significa che il loro valore è in gran parte derivato dalla percezione e dalla domanda del mercato.

2. **Tempo e Ricerca:** Il trading a breve termine richiede molto più tempo e attenzione rispetto all'investimento a lungo termine. Mentre un investitore a lungo termine potrebbe leggere gli aggiornamenti del mercato una volta alla settimana o al mese, un day trader potrebbe dover monitorare i mercati ogni minuto. Inoltre, il trading a breve termine richiede spesso una ricerca intensiva e la capacità di reagire rapidamente alle notizie del mercato.

3. **Strumenti di Analisi:** Molti trader a breve termine si affidano all'analisi tecnica, uno studio dei movimenti dei prezzi e dei volumi di trading per prevedere i futuri movimenti dei prezzi.

Questo richiede una formazione e una comprensione delle varie figure e indicatori come medie mobili, RSI, MACD, tra gli altri. Gli investitori a lungo termine, d'altro canto, potrebbero concentrarsi di più sull'analisi fondamentale, valutando la tecnologia, la governance e il potenziale di mercato della criptovaluta in questione.

4. **Emotività:** Il trading, soprattutto a breve termine, può essere un'attività estremamente emotiva. La natura volatile delle criptovalute significa che i prezzi possono subire enormi variazioni in brevi periodi di tempo. La capacità di mantenere la calma e di aderire a una strategia predefinita, anche quando il mercato sembra andare contro di te, è essenziale. Alcuni trader utilizzano strumenti come gli stop-loss per aiutarsi a gestire il rischio e rimanere fedeli alla loro strategia.

5. **Diversificazione:** Mentre diversificare è una strategia chiave per ridurre il rischio in qualsiasi portafoglio di investimenti, è particolarmente cruciale nel mondo delle criptovalute, dato che è un settore ancora in evoluzione con molte monete e token che competono per una quota di mercato. Un investitore a lungo termine potrebbe scegliere di diversificare tra diverse criptovalute, mentre un trader a breve termine potrebbe

diversificare tra differenti coppie di trading o
piattaforme di scambio.

6. **Ambiente Regolamentare:** Le criptovalute
   esistono in un ambiente regolamentare in rapida
   evoluzione. Gli investitori a lungo termine
   devono essere consapevoli di come le leggi e le
   regolamentazioni in diversi paesi potrebbero
   influenzare il loro investimento nel corso del
   tempo. I trader a breve termine, tuttavia, devono
   essere particolarmente attenti alle notizie sulla
   regolamentazione, dato che queste possono avere
   un impatto immediato e significativo sui prezzi.

La decisione di investire in criptovalute è influenzata
da molteplici fattori e il contesto in cui operano tali
mercati offre ulteriori dettagli che potrebbero
influenzare la scelta tra strategie a breve e lungo
termine:

7. **Liquidez:** La liquidità di una particolare
   criptovaluta è determinata dal volume degli
   scambi giornalieri. Maggiore è la liquidità, più
   facilmente un trader può entrare o uscire da una
   posizione senza causare significative fluttuazioni
   di prezzo. Alcune criptovalute, come Bitcoin e
   Ethereum, hanno volumi di trading molto alti,
   rendendole ideali per il trading a breve termine.
   Tuttavia, le criptovalute meno liquide possono
   essere più adatte per gli investimenti a lungo

termine, dato che le fluttuazioni di prezzo potrebbero essere meno frequenti.

8. **Evoluzione Tecnologica:** L'innovazione è un pilastro nel settore delle criptovalute. Nuove funzionalità, aggiornamenti di protocollo e sviluppi tecnologici possono avere un impatto sul valore di una criptovaluta. Mentre gli investitori a lungo termine potrebbero cercare progetti con solide roadmaps e potenziale di crescita, i trader a breve termine possono cercare opportunità in movimenti di prezzo legati a annunci o lanci di nuove funzionalità.

9. **Concorrenza tra Criptovalute:** Nuove criptovalute entrano nel mercato regolarmente. Alcune di queste possono avere caratteristiche o vantaggi unici che potrebbero rappresentare una minaccia per le criptovalute esistenti. Gli investitori a lungo termine dovrebbero essere consapevoli di questi nuovi entranti e valutare se detengono o no un vero potenziale. I trader a breve termine, d'altro canto, possono cercare di trarre profitto dalle fluttuazioni di prezzo introdotte da queste nuove competizioni.

10. **Aspetti Macro-Economici:** Le condizioni economiche globali possono influenzare il mercato delle criptovalute. Ad esempio, durante periodi di incertezza economica

o instabilità politica, la domanda di asset rifugio come l'oro e, sempre più spesso, Bitcoin, potrebbe aumentare. Mentre un investitore a lungo termine potrebbe vedere questi periodi come opportunità d'acquisto, un trader a breve termine potrebbe cercare di trarre profitto dalle rapide variazioni di prezzo che potrebbero verificarsi in tali condizioni.

11. **Adozione:** Mentre le criptovalute sono diventate più mainstream, l'adozione da parte di aziende e individui è un fattore cruciale. L'adozione può portare a una maggiore domanda, influenzando positivamente i prezzi. Le notizie relative, ad esempio, all'adozione di una criptovaluta da parte di un grande rivenditore o di una nazione potrebbero avere un effetto significativo sui prezzi.

12. **Eventi Imponderabili:** Nel mondo delle criptovalute, possono verificarsi eventi inaspettati, come attacchi hacker, errori di codice o problemi con le infrastrutture. Questi eventi possono causare variazioni di prezzo imprevedibili. Gli investitori a lungo termine devono essere pronti a resistere a questi shock, mentre i trader a breve termine dovrebbero essere pronti a reagire rapidamente.

L'investimento in criptovalute è una decisione che necessita di una comprensione approfondita delle strategie di investimento e dei rischi correlati. La scelta tra una strategia a lungo termine e una a breve termine non è unica e dipende da numerosi fattori, sia interni che esterni al mercato delle criptovalute.

Investire a lungo termine significa credere nel potenziale intrinseco e nella crescita di una particolare criptovaluta o nell'ecosistema blockchain in generale. Gli investitori a lungo termine tendono ad adottare un approccio "hodl", resistendo alle fluttuazioni di mercato a breve termine e mantenendo le loro posizioni nonostante le possibili tempeste. La chiave per questo tipo di strategia è la ricerca: comprendere profondamente il progetto, la sua visione, la sua roadmap, il team dietro di esso e il problema che intende risolvere. Oltre alla ricerca, la diversificazione può giocare un ruolo cruciale, permettendo agli investitori di ridurre i rischi associati a un singolo asset.

Il trading a breve termine, d'altro canto, si concentra sull'abilità di sfruttare le fluttuazioni di prezzo per generare profitti in un breve lasso di tempo. Richiede una comprensione profonda dei movimenti del mercato, delle notizie rilevanti e, spesso, dell'analisi tecnica. I trader a breve termine devono essere sempre allerta, monitorare costantemente il mercato e essere pronti a prendere decisioni rapide. Questo tipo di strategia può essere potenzialmente redditizio, ma è anche ad alto rischio, soprattutto in un mercato noto per la sua volatilità come quello delle criptovalute.

Entrambe le strategie hanno i loro meriti e le loro sfide. Mentre l'investimento a lungo termine può sembrare meno stressante e richiedere meno tempo in termini di monitoraggio giornaliero, potrebbe richiedere anni per vedere un ritorno significativo. Il trading a breve termine, sebbene potenzialmente più redditizio, è molto più rischioso e richiede una costante attenzione e formazione.

In conclusione, sia che tu scelga di investire a lungo termine o di fare trading a breve termine, è fondamentale educarsi, essere informati, avere una chiara strategia di gestione del rischio e, soprattutto, non investire più di quanto tu possa permetterti di perdere. Le criptovalute rappresentano una frontiera emozionante e in continua evoluzione del mondo finanziario, ma come ogni investimento, viene fornito con il suo insieme di rischi e opportunità.

16. Diversificazione del Portfolio: L'importanza della diversificazione nell'investimento in criptovalute.

La diversificazione del portfolio è un principio fondamentale nell'ambito degli investimenti e trova applicazione anche nel mondo delle criptovalute. Esploriamo l'importanza di questa strategia e come può essere applicata agli investimenti in cripto-attivi.

**Cos'è la Diversificazione?** La diversificazione è una strategia di gestione del rischio che implica la distribuzione degli investimenti tra diverse attività o classi di attività per ridurre l'esposizione a qualsiasi singolo asset o rischio. In termini semplici, è il proverbio "non mettere tutte le uova nello stesso paniere".

**L'Importanza della Diversificazione nelle Criptovalute:**

1. **Riduzione del Rischio Specifico dell'Asset:** Mentre il mercato delle criptovalute nel suo complesso può essere volatile, singole criptovalute possono sperimentare alti e bassi ancora maggiori. Investendo in diverse criptovalute, si può mitigare il rischio associato a un singolo asset.

2. **Copertura contro l'Imprevedibilità:** Le criptovalute sono influenzate da una miriade di fattori, dai cambiamenti normativi alle innovazioni tecnologiche. La diversificazione può aiutare a proteggersi dalle fluttuazioni impreviste.

3. **Accesso a Diverse Opportunità:** Diverse criptovalute hanno diverse applicazioni, tecnologie e potenziali di crescita. Avere una varietà di attivi nel tuo portfolio ti permette di beneficiare di diverse opportunità di crescita.

4. **Protezione dal Fallimento:** Non tutte le criptovalute o i progetti blockchain avranno successo a lungo termine. Se un'investitore si concentra su una sola criptovaluta e questa non ha successo, le perdite possono essere significative.

## Come Diversificare il Portfolio di Criptovalute:

1. **Ricerca:** Prima di diversificare, è essenziale fare una ricerca approfondita. Comprendi le tecnologie, le roadmaps e i team dietro le diverse criptovalute in cui stai pensando di investire.

2. **Diversifica tra Categorie:** Oltre alle criptovalute principali come Bitcoin o Ethereum, considera altcoins, token di progetti DeFi,

stablecoins e altre categorie emergenti nel mercato delle cripto.

3. **Riequilibrio Periodico:** Con il tempo, la percentuale di ciascuna criptovaluta nel tuo portfolio potrebbe cambiare a causa delle fluttuazioni di mercato. È importante rivedere e riequilibrare il tuo portfolio periodicamente per mantenere la desiderata diversificazione.

4. **Considera la Correlazione:** Se due criptovalute tendono a muoversi nella stessa direzione allo stesso tempo, sono correlate. Per una diversificazione efficace, è utile includere attivi con bassa correlazione.

**Conclusione:** La diversificazione è uno strumento fondamentale per qualsiasi investitore, specialmente in un mercato altamente volatile come quello delle criptovalute. Investire saggiamente, distribuendo risorse tra vari attivi, può aiutare a gestire il rischio e a posizionarsi in modo favorevole per beneficiare delle opportunità emergenti nel settore cripto. Tuttavia, è fondamentale ricordare che la diversificazione non elimina il rischio di perdita e, come sempre, gli investitori dovrebbero fare le proprie ricerche e considerare consulenza finanziaria prima di prendere decisioni d'investimento.

La diversificazione del portfolio nel contesto delle criptovalute va oltre il semplice fatto di possedere più di un tipo di criptovaluta. Esaminiamolo in dettaglio considerando vari aspetti che spesso vengono trascurati.

**Il Fattore Temporale:** La tempistica può svolgere un ruolo cruciale nella diversificazione. Ad esempio, acquisire diverse criptovalute in momenti diversi, noti come "dollar-cost averaging", può aiutare a minimizzare l'effetto delle volatilità a breve termine e ridurre il rischio di entrare nel mercato in un momento sfavorevole.

**Diversificazione Geografica:** Con lo sviluppo delle criptovalute, diverse regioni del mondo stanno vedendo la crescita di progetti blockchain indigeni che rispecchiano le esigenze e le sfide locali. Investire in criptovalute che mirano a risolvere problemi specifici di determinate regioni può offrire una diversificazione geografica, riducendo la dipendenza da mercati e economie specifici.

**Valutazione della Tecnologia:** Mentre alcune criptovalute sono costruite su blockchain simili o derivati da fork di progetti esistenti, altre portano innovazioni tecniche uniche. La diversificazione tra diverse architetture blockchain e meccanismi di consenso può rappresentare un ulteriore strato di diversificazione.

**Profili di Rischio:** Ogni criptovaluta ha un profilo di rischio unico. Mentre alcune criptovalute consolidate come Bitcoin ed Ethereum potrebbero essere viste come meno rischiose, nuove altcoins potrebbero offrire un potenziale di rendimento elevato, ma con un rischio maggiore. L'equilibrio tra queste diverse classi di rischio può aiutare a creare un portfolio che riflette la tolleranza al rischio dell'investitore.

**Diversificazione per Uso:** Non tutte le criptovalute servono allo stesso scopo. Mentre alcune sono puramente transazionali, altre potrebbero rappresentare asset in piattaforme specifiche, servire come utility token in certi ecosistemi, o rappresentare una quota di un progetto o azienda. Diversificare tra queste categorie può aiutare a beneficiare dei vari settori in crescita all'interno dell'ecosistema cripto.

**Liquide vs Illiquide:** La liquidità si riferisce alla facilità con cui un asset può essere convertito in contante senza influire significativamente sul suo prezzo. Mentre le principali criptovalute tendono ad avere una buona liquidità, alcune altcoins o token di progetti emergenti potrebbero essere meno liquidi. Avere una miscela di asset liquidi e meno liquidi può influire sulla capacità del portfolio di affrontare le necessità di liquidità impreviste.

**Coinvolgimento nella Governance:** Alcune criptovalute offrono ai detentori la possibilità di partecipare alla governance del progetto, influenzando decisioni come gli aggiornamenti del protocollo o l'allocazione delle risorse. Avere una partecipazione in queste criptovalute può non solo diversificare il portfolio ma anche fornire un livello di controllo e direzione sull'andamento futuro dell'investimento.

In generale, la diversificazione all'interno dell'ecosistema delle criptovalute è un'arte tanto quanto una scienza. Mentre gli aspetti quantitativi possono essere analizzati e ottimizzati, ci sono molte variabili qualitative che possono influire sulla decisione dell'investitore. La chiave è essere informati, flessibili e pronti ad adattarsi alle mutevoli dinamiche di questo mercato emergente.

La diversificazione del portfolio nell'ambito delle criptovalute non è soltanto una pratica saggia ma essenziale, in quanto aiuta a proteggere gli investitori da volatilità e rischi imprevisti che sono endemici in questo settore emergente.

**Fondamenti della Diversificazione:** La base della diversificazione risiede nella teoria moderna del portafoglio. Questa teoria suggerisce che, combinando asset non correlati (o inversamente correlati), un investitore può ottenere un rendimento desiderato con un livello di rischio minore rispetto a un singolo investimento. In altre parole, mentre un singolo asset potrebbe soffrire di una drastica perdita, un altro asset nel portfolio potrebbe comportarsi bene, bilanciando o mitigando quella perdita.

**Nel Contesto delle Criptovalute:** Il mondo delle criptovalute è noto per la sua elevata volatilità. Un giorno, una particolare criptovaluta potrebbe guadagnare notevolmente in valore, e il giorno successivo potrebbe vedere una drastica correzione. Questa imprevedibilità rende la diversificazione ancora più cruciale. Avendo un mix ben ponderato di diverse criptovalute, l'investitore può essere meglio posizionato per affrontare queste rapide fluttuazioni.

**Metodi di Diversificazione:** Non basta semplicemente possedere più di una criptovaluta. La diversificazione efficace richiede una strategia ben pensata:

1. **Asset Allocation:** Questo si riferisce alla percentuale di ciascun asset all'interno del portfolio. Ad esempio, un investitore potrebbe avere il 50% in Bitcoin, 30% in Ethereum e il restante 20% suddiviso tra altcoins. La corretta allocazione dipenderà dalla tolleranza al rischio e dagli obiettivi dell'investitore.

2. **Diversificazione Tematica:** Oltre alla diversificazione basata sulla capitalizzazione di mercato, gli investitori possono diversificarsi in base ai temi. Ad esempio, investire in criptovalute che si concentrano sulla privacy, sulla finanza decentralizzata (DeFi) o sui contratti intelligenti.

3. **Riesame e Riequilibrio:** Il mercato delle criptovalute è in costante evoluzione. Ciò che era vero o rilevante sei mesi fa potrebbe non esserlo oggi. Di conseguenza, gli investitori devono riesaminare regolarmente i loro portfolio e, se necessario, riequilibrare per garantire che rimangano allineati con i loro obiettivi di investimento.

**Considerazioni Finali:** Mentre la diversificazione può ridurre il rischio, non lo elimina completamente. Gli investitori devono fare le loro ricerche, comprendere appieno ogni asset nel loro portfolio e essere consapevoli che, come per tutti gli investimenti, non ci sono garanzie. Inoltre, la diversificazione non significa semplicemente possedere molti asset; significa possedere asset giusti che hanno correlazioni basse o inverse tra loro.

La diversificazione, pertanto, dovrebbe essere vista come uno strumento per gestire e mitigare i rischi, piuttosto che un modo per garantire rendimenti. In un settore in rapida evoluzione come quello delle criptovalute, rimanere informati, adattarsi alle nuove informazioni e avere una solida strategia di diversificazione sono fondamentali per navigare con successo nel paesaggio degli investimenti in criptovalute.

17. Protezione e Sicurezza: Metodi per proteggere i propri investimenti e le proprie criptovalute.

La sicurezza e la protezione delle criptovalute sono di fondamentale importanza, dato che stiamo parlando di un asset digitale facilmente accessibile da chiunque abbia le chiavi private appropriate. A differenza dei sistemi bancari tradizionali, in cui è possibile recuperare un accesso in caso di smarrimento delle credenziali, una volta perdute le chiavi di un portafoglio di criptovaluta, l'accesso a tali fondi è perduto per sempre. Di seguito, esploriamo metodi e pratiche per proteggere i propri investimenti in criptovalute.

## 1. Portafogli hardware (Hardware Wallets):

I portafogli hardware sono dispositivi fisici progettati per conservare le chiavi private offline, isolandole da Internet e quindi dai potenziali hacker. Questi dispositivi richiedono una conferma fisica per eseguire transazioni, fornendo un ulteriore livello di sicurezza. Esempi popolari sono Ledger Nano S e Trezor.

## 2. Portafogli freddi (Cold Wallets):

Un portafoglio freddo si riferisce a qualsiasi metodo di conservazione delle criptovalute che è completamente offline. Questo potrebbe essere un portafoglio hardware, una paper wallet (una stampa fisica delle chiavi pubbliche e private) o un computer che non è mai connesso a Internet.

## 3. Autenticazione a due fattori (2FA):

Per gli exchange e altri servizi online che supportano la criptovaluta, l'attivazione del 2FA aggiunge un ulteriore livello di sicurezza. Questo richiede che l'utente fornisca due forme di identificazione prima di poter accedere al proprio account.

## 4. Password complesse:

Le password dovrebbero essere lunghe, complesse e uniche. Evita di usare la stessa password su più piattaforme e considera l'uso di un gestore di password affidabile.

## 5. Aggiornamenti regolari:

Che si tratti del software del tuo portafoglio, del sistema operativo o delle applicazioni associate, assicurati che tutto sia sempre aggiornato. Gli aggiornamenti spesso contengono correzioni per vulnerabilità note.

## 6. Evita il phishing:

Sii sempre scettico riguardo alle e-mail o ai messaggi che ti chiedono di fornire credenziali o chiavi private. Gli exchange o i fornitori di portafogli non chiederanno mai queste informazioni via e-mail.

## 7. Backup regolari:

Esegui backup regolari del tuo portafoglio e conserva diverse copie in luoghi sicuri. Se stai utilizzando un portafoglio hardware o un portafoglio software, assicurati di avere backup delle tue chiavi private.

## 8. Rete sicura:

Evita di accedere al tuo portafoglio o di effettuare transazioni su reti pubbliche o non protette. Le reti pubbliche possono essere compromesse più facilmente.

## 9. Educazione:

Rimani informato sulle ultime minacce alla sicurezza e sulle migliori pratiche. La comunità delle criptovalute è generalmente molto attiva nel segnalare nuove minacce e vulnerabilità.

**10. Conservazione multisig:**
Per quantità significative di criptovalute, considera l'uso di soluzioni multisig, dove sono necessarie più chiavi private per autorizzare una transazione. Questo previene il furto anche se una chiave viene compromessa.

## Conclusione:

La natura decentralizzata delle criptovalute è ciò che le rende preziose, ma è anche ciò che le rende vulnerabili. Senza un'entità centrale a cui rivolgersi in caso di problemi, la responsabilità della sicurezza ricade interamente sull'utente. Ecco perché è essenziale prendere sul serio la protezione e la sicurezza delle criptovalute e adottare tutte le misure possibili per garantire che gli investimenti siano al sicuro da minacce esterne. La protezione efficace delle criptovalute richiede attenzione, proattività e, a volte, un investimento in strumenti e risorse aggiuntivi.

La sicurezza nel mondo delle criptovalute è un argomento vasto e in continua evoluzione. Oltre ai metodi già citati, esistono altri concetti e strumenti che meritano una menzione:

**Portafogli multi-firma (Multisig Wallets):** Sono portafogli che richiedono più di una chiave per autorizzare una transazione, molto simili ai conti bancari congiunti. Questo sistema può aiutare a prevenire furti, poiché un potenziale hacker dovrebbe compromettere più chiavi private.

**Portafogli mobile:** Mentre i portafogli mobile offrono la comodità di accesso e transazione in movimento, possono essere vulnerabili se il dispositivo viene compromesso. Tuttavia, alcune applicazioni mobile hanno funzionalità di sicurezza avanzate, come la biometria, per garantire che solo il proprietario possa accedere al portafoglio.

**VPN (Virtual Private Network):** L'utilizzo di una VPN mentre si naviga o si effettuano transazioni può offrire un ulteriore strato di sicurezza, mascherando la tua connessione e rendendoti più difficile da rintracciare o da compromettere.

**Riconoscimento delle truffe:** Oltre ai tentativi di phishing, ci sono numerose altre truffe nel mondo delle criptovalute, come le pompe e i rilasci (pump-and-dump schemes) e le offerte iniziali di moneta (ICO) fraudolente. È essenziale educarsi su questi schemi per evitare di cadere vittima.

**Smart Contracts:** Anche se non sono direttamente correlati alla sicurezza dei portafogli, gli smart contracts sono codice che esegue automaticamente le condizioni di un contratto quando vengono soddisfatte certe condizioni. Tuttavia, se scritti impropriamente, possono presentare vulnerabilità. Esempi famosi includono l'incidente DAO su Ethereum.

**Riconoscimento del dispositivo:** Alcune piattaforme offrono una sicurezza aggiuntiva riconoscendo se stai tentando di accedere al tuo conto da un nuovo dispositivo e inviando notifiche o bloccando l'accesso finché non confermi che sei tu.

**Conservazione in custodia:** Ci sono servizi che offrono la "custodia" delle tue criptovalute, promettendo livelli elevati di sicurezza. Questi servizi detengono e proteggono le chiavi private per conto dei clienti.

**Whitelisting degli indirizzi:** Alcune piattaforme ti permettono di impostare indirizzi "whitelisted", o approvati, limitando la possibilità di inviare fondi solo a questi indirizzi pre-approvati.

**Attenzione ai servizi centralizzati:** Mentre le piattaforme e gli exchange centralizzati possono offrire una user experience fluida e funzionalità aggiuntive, rappresentano anche punti centrali di fallimento. Se un exchange centralizzato viene compromesso, potresti perdere i tuoi fondi.

**Assicurazione:** Alcuni exchange e servizi di custodia offrono polizze assicurative per i fondi conservati con loro. Sebbene ciò non prevenga le perdite, può offrire un certo grado di riparazione se i fondi vengono persi o rubati.

La sicurezza nel campo delle criptovalute è una responsabilità continua. La chiave è la proattività, l'adattamento alle nuove minacce e l'adozione delle migliori pratiche disponibili per garantire che i tuoi fondi siano al sicuro.

La protezione e la sicurezza dei propri investimenti in criptovalute sono di fondamentale importanza. Come abbiamo discusso, il paesaggio digitale è costellato di minacce potenziali, dalle vulnerabilità degli exchange centralizzati ai tentativi di phishing sofisticati. Tuttavia, è essenziale sottolineare che la sicurezza non si limita a proteggere i propri fondi da attori malintenzionati; è anche una questione di garantire la continuità e l'integrità delle proprie risorse nel lungo termine.

**Migliori Pratiche:** Per minimizzare i rischi, l'adozione delle migliori pratiche è essenziale. Questo include l'utilizzo di portafogli hardware, la memorizzazione offline delle chiavi private, l'aggiornamento regolare dei software e la verifica delle fonti di informazioni per evitare il phishing e altre truffe. L'educazione continua e la vigilanza sono i migliori alleati di un investitore.

**La responsabilità personale:** A differenza dei sistemi finanziari tradizionali, dove le banche o altri intermediari possono offrire un certo grado di protezione o ricorso, le criptovalute sono basate sul principio della sovranità finanziaria. Ciò significa che gli individui hanno un controllo totale sui propri fondi, ma anche la responsabilità totale per la loro sicurezza. Questa doppia faccia della moneta (nessun gioco di parole inteso) sottolinea l'importanza di essere proattivi e informati.

**L'evoluzione della sicurezza nel settore:** Mentre il campo delle criptovalute cresce e matura, anche gli strumenti e le metodologie per proteggere gli investimenti evolvono. Ad esempio, nuove soluzioni come i portafogli multi-firma o i servizi di custodia avanzati sono diventati disponibili come risposta alle minacce emergenti. Questo dinamismo significa che gli investitori devono rimanere aggiornati sulle ultime tendenze e soluzioni di sicurezza.

**Collaborazione e comunità:** Un aspetto cruciale della sicurezza nel mondo delle criptovalute è la comunità. I forum, i gruppi di discussione e gli eventi sono luoghi in cui gli utenti possono condividere esperienze, avvisi e consigli. Questo spirito collaborativo non solo aiuta a prevenire incidenti di sicurezza ma rinforza anche la resilienza dell'intero ecosistema.

**Conclusione:** Proteggere i propri investimenti e le proprie criptovalute non è un compito da affrontare alla leggera. Richiede un impegno costante, l'adozione di protocolli rigorosi e un atteggiamento sempre vigile.

Tuttavia, con le giuste precauzioni, la gestione delle criptovalute può essere tanto sicura, se non di più, della gestione di attività tradizionali. La chiave è l'informazione, la preparazione e la consapevolezza di potenziali minacce, così come la capacità di adattarsi e reagire di conseguenza. In un mondo digitale in rapida evoluzione, la sicurezza non è una destinazione, ma un percorso che richiede attenzione continua.

18. Utilizzo delle Criptovalute per il Business: Vantaggi e sfide nell'adozione delle criptovalute nelle attività commerciali.

Le criptovalute stanno trovando sempre più applicazioni nel mondo degli affari. Sia che si tratti di una start-up tecnologica che integra pagamenti in criptovaluta o di un'azienda consolidata che esplora la blockchain per migliorare le operazioni, c'è un crescente interesse per l'adozione di questa tecnologia rivoluzionaria nel business. Ecco una panoramica dettagliata dei vantaggi e delle sfide nell'utilizzo delle criptovalute nel mondo degli affari.

**Vantaggi dell'utilizzo delle criptovalute nel business:**

1. **Costi di transazione ridotti:** Le transazioni in criptovaluta possono bypassare intermediari tradizionali come banche e società di carte di credito, risultando in commissioni ridotte, soprattutto per le transazioni internazionali.

2. **Velocità di transazione:** Le transazioni in criptovaluta possono essere elaborate rapidamente, spesso in pochi minuti, indipendentemente dalla geografia.

3. **Accesso a nuovi mercati:** Le criptovalute possono essere utilizzate in qualsiasi parte del mondo, consentendo alle aziende di raggiungere clienti in regioni senza un'infrastruttura bancaria robusta.

4. **Sovranità finanziaria:** Le aziende hanno pieno controllo sui loro fondi, riducendo la dipendenza da banche e altri intermediari finanziari.

5. **Trasparenza e sicurezza:** Utilizzando la tecnologia blockchain, le transazioni sono sicure, trasparenti e immutabili.

6. **Innovazione e differenziazione:** Adottando la criptovaluta, le aziende possono posizionarsi come leader innovativi nel loro settore.

## Sfide nell'adozione delle criptovalute nelle attività commerciali:

1. **Volatilità dei prezzi:** La natura altamente speculativa delle criptovalute può comportare significative fluttuazioni di valore.

2. **Complessità tecnologica:** L'adozione di soluzioni basate su criptovaluta richiede competenze tecniche e può richiedere un'attenta integrazione con i sistemi esistenti.

3. **Mancanza di regolamentazione chiara:** In molti paesi, le leggi e le regolamentazioni relative alle criptovalute sono in fase di sviluppo, il che può comportare incertezza per le aziende.

4. **Problematiche fiscali:** Determinare l'imposizione fiscale per le transazioni in criptovaluta può essere complesso, a seconda della giurisdizione.

5. **Percezione del pubblico:** Nonostante la crescente adozione, alcune persone rimangono scettiche o sospettose riguardo alle criptovalute, il che potrebbe influenzare la loro volontà di fare affari con aziende che le utilizzano.

6. **Rischi di sicurezza:** Anche se le transazioni sulla blockchain sono sicure, le aziende devono proteggere adeguatamente le proprie chiavi private e risorse digitali da possibili hack o furti.

**Conclusione:** Sebbene le criptovalute offrano numerose opportunità per il mondo degli affari, portano con sé anche sfide distintive. Come con qualsiasi nuova tecnologia, le aziende devono ponderare attentamente i pro e i contro prima di adottarla. Tuttavia, con la giusta strategia e l'adeguata preparazione, l'integrazione delle criptovalute può offrire vantaggi significativi, aprendo nuove opportunità di mercato e offrendo maggiore efficienza e innovazione.

L'espansione delle criptovalute nel mondo degli affari ha ulteriormente approfondito il dialogo sul futuro della finanza digitale e su come le aziende possono sfruttare al meglio queste nuove opportunità.

## Operazioni Internazionali e Frontiere Finanziarie

Con la globalizzazione, molte aziende operano oltre i confini nazionali. Le criptovalute possono semplificare notevolmente le operazioni internazionali. Non esiste un tasso di cambio tradizionale quando si tratta di criptovaluta. Ciò significa che le aziende possono evitarle perdite dovute alla conversione di valuta o alle tariffe nascoste spesso applicate dalle banche. Inoltre, la blockchain elimina il bisogno di intermediari, permettendo transazioni internazionali più rapide.

## Integrazione con Tecnologie Emergenti

Le criptovalute sono strettamente collegate ad altre tecnologie emergenti come l'Internet delle Cose (IoT) e l'Intelligenza Artificiale (AI). Ad esempio, i dispositivi IoT potrebbero essere programmati per eseguire transazioni in criptovaluta in base a determinati trigger o condizioni, automatizzando così parti significative della catena di approvvigionamento o dei sistemi di vendita al dettaglio.

## Personalizzazione dell'esperienza del cliente

Le criptovalute e la blockchain possono offrire alle aziende nuove modalità per personalizzare l'esperienza del cliente. Ad esempio, le aziende potrebbero creare programmi di fedeltà basati su token che offrono sconti o premi in criptovaluta. Questi token potrebbero essere facilmente scambiati, venduti o utilizzati per altri servizi, rendendoli molto più versatili dei tradizionali punti fedeltà.

## Rischi Associati all'Adozione

Oltre alle sfide precedentemente menzionate, vi è la necessità per le aziende di garantire che le loro operazioni con criptovalute siano conformi a tutte le leggi e regolamenti locali. Ad esempio, l'Anti Money Laundering (AML) e le norme Know Your Customer (KYC) possono richiedere che le aziende adottino procedure rigorose per monitorare e segnalare determinati tipi di transazioni.

Inoltre, la natura decentralizzata delle criptovalute significa che non c'è un'entità centrale o un regolatore che le aziende possono contattare in caso di problemi o dispute. Ciò può complicare le cose se, ad esempio, una transazione va storta o se c'è qualche incomprensione con un cliente o un fornitore.

## Potenziale Evoluzione

Man mano che il panorama delle criptovalute continua a evolversi, è probabile che vedremo nuove applicazioni e soluzioni emergere, alcune delle quali potrebbero rivoluzionare ulteriormente il modo in cui le aziende operano. Ad esempio, gli smart contract sulla blockchain potrebbero automatizzare aspetti complessi dei contratti aziendali, come pagamenti, penali e altre condizioni.

Allo stesso tempo, l'emergere di nuove piattaforme e soluzioni potrebbe anche presentare nuove sfide. Ad esempio, la compatibilità tra diverse blockchain potrebbe diventare un problema se diverse aziende adottano soluzioni diverse. Tuttavia, con la giusta strategia e l'approccio, le aziende possono sfruttare le criptovalute per sbloccare nuove opportunità, migliorare l'efficienza e rimanere competitive in un mondo sempre più digitale.

## Punti di Vendita e Accettazione

La presenza di criptovalute nei punti di vendita fisici e online è in costante aumento. Mentre inizialmente solo un piccolo numero di negozi e rivenditori accettava criptovalute, oggi molte più aziende, dai piccoli caffè ai grandi rivenditori online, stanno adottando soluzioni di pagamento in criptovaluta. Questo è dovuto in parte a piattaforme di pagamento più avanzate e user-friendly che rendono più facile per le aziende accettare criptovalute senza dover gestire direttamente la complessità delle transazioni blockchain.

## Vantaggi Ambientali

Mentre il mining di criptovalute come Bitcoin è spesso criticato per il suo impatto ambientale, l'uso di criptovalute può anche portare a pratiche aziendali più sostenibili. Per esempio, le transazioni in criptovaluta riducono la necessità di materiali fisici come carta e metallo utilizzati nella produzione di contanti e carte di credito. Inoltre, le aziende che utilizzano la blockchain per la tracciabilità possono garantire una catena di approvvigionamento sostenibile, dando ai consumatori la sicurezza che i prodotti siano stati prodotti in modo etico.

## Trasparenza e Tracciabilità

Uno dei principali vantaggi della blockchain, la tecnologia alla base delle criptovalute, è la sua capacità di fornire trasparenza e tracciabilità. Per le aziende, ciò può tradursi in una maggiore fiducia da parte dei consumatori. Ad esempio, una azienda che vende prodotti alimentari potrebbe utilizzare la blockchain per tracciare l'origine di ogni ingrediente, garantendo ai clienti che ciò che stanno acquistando è autentico e di alta qualità. Questa trasparenza può anche ridurre il rischio di frodi e contraffazioni, problemi che affliggono molte industrie.

## Remunerazione e Salari

Un'altra area in cui le criptovalute stanno trovando applicazione è la remunerazione dei dipendenti. Alcune aziende, specialmente quelle nel settore tecnologico o blockchain, offrono ai loro dipendenti la possibilità di ricevere parte o tutto il loro stipendio in criptovaluta. Questo può offrire vantaggi sia ai datori di lavoro che ai dipendenti, specialmente in contesti internazionali dove i pagamenti transfrontalieri possono essere lenti e costosi.

## Defi e Servizi Finanziari

Mentre la DeFi (finanza decentralizzata) è spesso associata a investimenti e prestiti, le aziende stanno anche esplorando come possono utilizzare questi strumenti per le loro operazioni. Ad esempio, una azienda potrebbe utilizzare piattaforme DeFi per ottenere finanziamenti senza dover passare attraverso banche tradizionali. Oppure potrebbero utilizzare stablecoins (criptovalute ancorate al valore di monete fiat come il dollaro) per gestire il capitale circolante e ridurre i rischi di volatilità.

## Consenso e Decisioni Aziendali

La blockchain e le criptovalute offrono anche nuovi modi per le aziende di prendere decisioni. Utilizzando meccanismi di consenso decentralizzato, le aziende possono permettere una maggiore partecipazione nelle decisioni aziendali, garantendo che le scelte riflettano veramente gli interessi di tutti gli stakeholder.

Man mano che il settore delle criptovalute continua a maturare e a svilupparsi, è probabile che emergano ulteriori use case e applicazioni per le aziende. La chiave per le aziende sarà capire come possono sfruttare al meglio queste tecnologie per migliorare le loro operazioni, servire meglio i loro clienti e rimanere competitive in un panorama in rapida evoluzione.

## Integrazione con Altri Sistemi

L'uso delle criptovalute nel mondo degli affari non si limita alla semplice accettazione come metodo di pagamento. Le aziende stanno esplorando come integrare la blockchain e le criptovalute con i loro attuali sistemi IT e finanziari. Per esempio, l'integrazione delle criptovalute con i sistemi ERP (Enterprise Resource Planning) potrebbe automatizzare i processi di pagamento e rendere le transazioni transfrontaliere più efficienti.

## Operazioni Internazionali

Per le aziende che operano su scala globale, le criptovalute offrono enormi vantaggi in termini di operazioni internazionali. Le transazioni in criptovaluta possono avvenire quasi istantaneamente, eliminando i ritardi associati alle transazioni bancarie tradizionali. Inoltre, le tariffe per le transazioni in criptovaluta sono spesso inferiori a quelle dei metodi tradizionali, specialmente quando si tratta di trasferimenti di fondi attraverso confini internazionali.

## Partnership e Collaborazioni

L'ecosistema delle criptovalute è popolato da una varietà di entità, dalle startup alle grandi corporazioni. Questo ha creato opportunità per le aziende di formare partnership e collaborazioni. Ad esempio, un'azienda che desidera lanciare il suo token potrebbe collaborare con una piattaforma di scambio di criptovalute o con uno sviluppatore specializzato in smart contracts. Queste collaborazioni possono accelerare l'adozione delle criptovalute e aprire nuove vie di revenue.

## Fidelizzazione dei Clienti

Oltre a utilizzare criptovalute come metodo di pagamento, le aziende stanno esplorando come utilizzare la blockchain e i token per creare programmi di fidelizzazione dei clienti più efficaci. Ad esempio, un'azienda potrebbe rilasciare un token che i clienti possono guadagnare effettuando acquisti e poi spendere per ottenere sconti o prodotti esclusivi. Poiché queste transazioni sono registrate sulla blockchain, è più difficile per gli utenti fraudolenti sfruttare il sistema, rendendo il programma di fidelizzazione più sicuro e trasparente.

## Innovazione nei Servizi Finanziari

Le criptovalute stanno anche influenzando come le aziende approcciano i servizi finanziari. Ad esempio, un'azienda che desidera emettere obbligazioni potrebbe farlo tramite una blockchain, rendendo il processo più efficiente e trasparente. Allo stesso modo, le aziende potrebbero utilizzare smart contracts per automatizzare processi come la distribuzione di dividendi o la gestione di contratti di leasing.

## Sfide nella Formazione e Nella Comprensione

Mentre le criptovalute offrono molte opportunità, presentano anche delle sfide, soprattutto quando si tratta di formare il personale. Poiché le criptovalute e la blockchain sono concetti relativamente nuovi, molte aziende stanno investendo in formazione per garantire che i loro dipendenti comprendano come funzionano e come possono essere sfruttate per beneficiare l'azienda.

## Effetti sui Rapporti con i Fornitori

L'adozione delle criptovalute può anche influenzare come le aziende interagiscono con i loro fornitori. Ad esempio, un'azienda potrebbe richiedere che i pagamenti vengano effettuati in una specifica criptovaluta, o potrebbe offrire sconti ai fornitori che utilizzano un determinato sistema basato su blockchain. Questo può portare a nuove dinamiche nei rapporti commerciali e richiedere una rinegoziazione dei termini contrattuali.

## Vantaggi Ambientali e Sostenibilità

Nell'ambito delle criptovalute, ci sono progetti che mirano a essere energeticamente efficienti e sostenibili. Questo è in contrasto con l'immagine tradizionalmente associata al Bitcoin e al suo elevato consumo energetico. Le aziende attente all'ambiente potrebbero scegliere di adottare o promuovere criptovalute con un'impronta di carbonio ridotta, facendone un punto chiave nella loro strategia di sostenibilità e nel loro rapporto con i clienti.

## La Versatilità degli Smart Contracts

Oltre alle mere transazioni, la tecnologia blockchain consente di implementare gli smart contracts, che sono programmi eseguiti sulla blockchain quando vengono soddisfatte determinate condizioni. Questa caratteristica può rivoluzionare il modo in cui le aziende operano, permettendo, ad esempio, la creazione di contratti di fornitura automatici o la gestione semplificata di programmi di affiliazione.

## Adozione tra le PMI

Non sono solo le grandi multinazionali a esplorare il mondo delle criptovalute. Anche le piccole e medie imprese (PMI) stanno cominciando a vedere il potenziale di questa tecnologia. Che si tratti di fornire nuovi metodi di pagamento ai clienti, di proteggere i dati aziendali o di entrare in nuovi mercati senza dover affrontare problemi di cambio tradizionali, le PMI trovano nella blockchain e nelle criptovalute strumenti preziosi.

## Rapporto con le Banche e gli Istituti Finanziari

Con l'aumentare dell'adozione delle criptovalute, il rapporto tra le aziende e le banche tradizionali è in evoluzione. Mentre alcune banche vedono le criptovalute come una minaccia, altre le vedono come un'opportunità e stanno sviluppando i loro servizi di custodia e scambio per le aziende interessate a diversificare i loro attivi.

## L'effetto della Volatilità sul Business

Un aspetto che le aziende devono considerare quando adottano le criptovalute è la loro volatilità. La fluttuazione dei prezzi può avere un impatto significativo sul valore delle transazioni, soprattutto se l'importo non viene immediatamente convertito in una valuta fiat. Questo richiede una gestione attenta dei rischi e potrebbe influenzare decisioni come la fissazione dei prezzi dei prodotti o la valutazione delle riserve aziendali.

## Miglioramento della Trasparenza Aziendale

La natura decentralizzata e immutabile della blockchain offre un livello di trasparenza mai visto prima. Le aziende possono sfruttare questo aspetto per migliorare la fiducia dei clienti, mostrando ad esempio la provenienza dei prodotti o la veridicità di certi certificati. Questa trasparenza può anche aiutare le aziende a rispettare normative più severe in termini di tracciabilità e responsabilità.

## Possibilità di Tokenizzazione degli Attivi

La tokenizzazione, ovvero la conversione di diritti reali in un token su una blockchain, sta diventando sempre più popolare. Le aziende possono tokenizzare quasi tutto, dai beni immobili ai prodotti di lusso, rendendo la proprietà e il trasferimento di questi beni più flessibili e aperti a un pubblico più ampio.

Tutti questi aspetti mostrano quanto sia ampio e variegato l'impatto delle criptovalute sul mondo degli affari. Tuttavia, come con ogni nuova tecnologia, è essenziale per le aziende approcciare con cura, informandosi e considerando sia le opportunità che i rischi associati.

## Conclusione sull'Utilizzo delle Criptovalute per il Business

L'ascesa delle criptovalute e della tecnologia blockchain ha dato origine a una rivoluzione silenziosa nel panorama finanziario e commerciale globale. Con l'evoluzione della tecnologia e l'espansione delle sue applicazioni, le aziende, indipendentemente dalle dimensioni o dal settore, si trovano di fronte a una serie di opportunità e sfide.

**Opportunità**:

1. **Efficienza e Velocità**: Con le transazioni criptate, le aziende possono bypassare intermediari bancari o finanziari tradizionali, portando a una riduzione dei costi e a transazioni più veloci, spesso in tempo reale.

2. **Accesso Globale**: Le criptovalute offrono un accesso senza precedenti a mercati globali, senza la necessità di preoccuparsi delle fluttuazioni dei tassi di cambio tradizionali o delle commissioni bancarie associate alle conversioni di valuta.

3. **Trasparenza e Sicurezza**: La natura decentralizzata e immutabile della blockchain garantisce una sicurezza e una trasparenza superiori, permettendo alle aziende di garantire ai clienti la legittimità delle transazioni e la provenienza dei prodotti.

4. **Innovazione**: La capacità di sfruttare gli smart contracts e la tokenizzazione degli attivi apre nuove modalità di interazione con i clienti, partner e fornitori, oltre a nuove fonti di finanziamento attraverso ICO o STO.

**Sfide**:

1. **Volatilità**: La natura altamente speculativa delle criptovalute può portare a fluttuazioni significative dei valori, influenzando il bilancio delle aziende che detengono grandi quantità di criptoattivi.

2. **Regolamentazione**: In molti paesi, la regolamentazione delle criptovalute è ancora in fase di definizione, il che può portare a incertezze legali per le aziende che desiderano adottare questa tecnologia.

3. **Sicurezza**: Nonostante la sicurezza intrinseca della blockchain, le piattaforme di scambio e le wallet sono spesso prese di mira da hacker, rendendo essenziale per le aziende implementare misure di sicurezza all'avanguardia.

4. **Adozione e Conoscenza**: Nonostante l'interesse crescente, l'adozione delle criptovalute da parte del grande pubblico e delle aziende è ancora limitata. Ciò richiede un investimento in formazione e sensibilizzazione per garantire che dipendenti, clienti e stakeholder comprendano i benefici e i rischi associati.

In sintesi, l'integrazione delle criptovalute nel mondo degli affari è una tendenza che non mostra segni di rallentamento. Se da un lato offre un vasto campo di opportunità innovative, dall'altro impone alle aziende una riflessione critica e una preparazione approfondita. La chiave del successo nel navigare in questo panorama in rapida evoluzione risiede nella capacità di un'azienda di rimanere informata, flessibile e reattiva alle sfide emergenti, sfruttando al meglio le potenzialità offerte da questa rivoluzionaria tecnologia.

19. Criptovalute e Impatto Ambientale: Controversie legate all'energia e alla sostenibilità del mining.

## Criptovalute e Impatto Ambientale: Controversie legate all'energia e alla sostenibilità del mining

Con l'ascesa delle criptovalute, soprattutto del Bitcoin, sono emerse anche preoccupazioni riguardo all'impatto ambientale della loro produzione, in particolare del processo noto come "mining". Il mining, essenzialmente, richiede una grande potenza computazionale per risolvere complessi problemi matematici, e questo, a sua volta, necessita di una notevole quantità di energia elettrica.

**La Controversia Energetica**:

1. **Consumo Elevato**: Alcuni rapporti suggeriscono che il consumo energetico complessivo del mining di Bitcoin potrebbe avvicinarsi o superare quello di intere nazioni. Ciò è dovuto alla necessità di hardware specializzato, chiamato ASIC (Application-Specific Integrated Circuit), che lavora incessantemente per estrarre nuovi blocchi.

2. **Fonti di Energia**: La preoccupazione principale non riguarda solo il volume di energia utilizzata, ma anche la fonte di tale energia. Molti centri di mining si sono stabiliti in aree dove l'energia è meno costosa, e spesso questa energia è prodotta attraverso fonti non rinnovabili come il carbone.

## Implicazioni Ambientali:

1. **Emissioni di Carbonio**: L'uso di fonti di energia non rinnovabile per alimentare le operazioni di mining porta a un aumento delle emissioni di carbonio. Queste emissioni contribuiscono ai cambiamenti climatici e hanno effetti negativi su salute, ecosistemi e biodiversità.

2. **Produzione di Hardware**: L'hardware di mining ha un ciclo di vita relativamente breve. Con l'evoluzione della tecnologia e l'aumento

della difficoltà di mining, i vecchi dispositivi diventano obsoleti rapidamente, portando a problemi di smaltimento elettronico.

**Iniziative Sostenibili**:

1. **Energia Rinnovabile**: Alcune aziende e miners stanno cercando di trasferirsi in aree con abbondanza di energia rinnovabile, come l'Islanda (geotermica) o aree con potenziale eolico o solare. Questo può ridurre l'impatto delle emissioni di carbonio.

2. **Algoritmi Alternativi**: Ci sono criptovalute che utilizzano algoritmi di consenso diversi dal Proof-of-Work (PoW), come il Proof-of-Stake (PoS) o il Proof-of-Authority (PoA), che richiedono molta meno energia.

3. **Awareness**: La crescente consapevolezza dell'impatto ambientale sta spingendo sviluppatori e investitori a cercare soluzioni più sostenibili, spesso supportate da comunità che danno priorità alla sostenibilità.

**Conclusioni**:

Mentre le criptovalute rappresentano una potenziale rivoluzione nella finanza e nella tecnologia, l'importanza di bilanciare questo progresso con la responsabilità ambientale è fondamentale. L'impatto ambientale del mining è una questione controversa e, se non affrontata, potrebbe minare la visione di una decentralizzazione sostenibile. Tuttavia, la stessa natura innovativa del settore potrebbe portare a soluzioni che coniugano la rivoluzione cripto con la sostenibilità ambientale.

Il dibattito sull'impatto ambientale delle criptovalute, e in particolare del Bitcoin, è complesso e coinvolge una moltitudine di aspetti, tra cui economia, politica, tecnologia e ecologia.

**Miniere in Località Specifiche**: Una delle strategie adottate dalle operazioni di mining è quella di localizzarsi in regioni dove l'energia è abbondante e a basso costo. Ad esempio, alcune operazioni di mining si sono stabilite vicino a grandi dighe idroelettriche in Cina, dove l'eccesso di energia viene venduto a tariffe ridotte. Sebbene questa possa sembrare una soluzione efficace per ridurre i costi operativi, la costruzione di grandi dighe ha impatti ecologici significativi, inclusa la distruzione degli habitat fluviali e la ricollocazione delle comunità locali.

**Tecnologia e Consumo**: Gli sviluppatori di hardware per il mining sono in una corsa continua per produrre dispositivi più potenti ed efficienti dal punto di vista energetico. Questa rapida obsolescenza tecnologica porta a cicli di produzione e consumo che mettono ulteriormente sotto pressione le risorse naturali e i sistemi di smaltimento dei rifiuti.

**Valutazione della Reale Impronta Carbonica**: Mentre molte statistiche circolano riguardo all'impronta carbonica del Bitcoin, è fondamentale notare che la reale impronta varia a seconda di dove e come viene prodotta l'energia utilizzata per il mining. Ad esempio, un centro di mining alimentato al 100% da energia solare avrebbe un'impronta molto diversa da uno alimentato da centrali a carbone.

**Soluzioni in Esplorazione**: Oltre a cercare fonti di energia più pulite, alcuni progetti stanno esplorando metodi alternativi per garantire la sicurezza e l'integrità delle transazioni. Ad esempio, il concetto di "mining verde" potrebbe utilizzare l'energia in eccesso da fonti rinnovabili che altrimenti andrebbe sprecata, trasformando efficacemente l'energia sprecata in criptovalute.

**Impatto Sociale**: Non possiamo anche trascurare l'aspetto sociale della questione. Le operazioni di mining a grande scala possono portare sviluppo economico in aree precedentemente emarginate, ma possono anche causare tensioni, in particolare in relazione all'uso delle risorse naturali. In alcune aree, l'arrivo di grandi impianti di mining ha portato a un aumento dei prezzi dell'energia per la popolazione locale, creando ulteriori disparità economiche.

**Comparazione con Altri Sistemi**: È anche rilevante notare che mentre il mining di criptovalute consuma molta energia, così fanno altri settori. Ad esempio, le banche tradizionali, con i loro edifici, data center e infrastrutture, hanno anche un significativo impatto ambientale. Quando si discute dell'efficienza energetica delle criptovalute, è essenziale mettere questi numeri in prospettiva e confrontarli con i sistemi esistenti.

Tuttavia, la crescente attenzione e preoccupazione per l'ambiente da parte del pubblico, degli investitori e delle aziende offre una grande opportunità. Ci sono incentivi sia economici che sociali per rendere il mining di criptovalute più sostenibile e, come con molte sfide globali, l'innovazione potrebbe essere la chiave per trovare una soluzione.

L'interazione tra criptovalute e sostenibilità ambientale è una delle tematiche più dibattute nell'era moderna delle finanze digitali. La crescente consapevolezza dell'importanza della sostenibilità e della tutela dell'ambiente ha portato sotto i riflettori l'energia utilizzata nei processi di mining, in particolare di Bitcoin, sollevando questioni fondamentali sul futuro delle criptovalute in un mondo sempre più eco-consapevole.

**Valutazione Complessiva**: Il processo di mining è noto per consumare enormi quantità di energia. Alcune stime paragonano l'uso energetico annuale del Bitcoin a quello di intere nazioni. Questo alto consumo è dovuto alla natura del Proof-of-Work (PoW), un meccanismo che richiede agli operatori di mining di risolvere complicati problemi matematici utilizzando potenti computer. Poiché questi calcoli diventano sempre più complessi con l'espansione della blockchain, l'energia richiesta aumenta proporzionalmente.

**Fonti Energetiche e Implicazioni Ambientali**: Dove e come viene prodotta l'energia utilizzata per il mining ha enormi implicazioni sull'impatto ambientale. Se l'energia proviene da fonti rinnovabili, l'impatto è minore rispetto all'uso di combustibili fossili come il carbone. Questo ha portato molte strutture di mining a trasferirsi in aree dove l'energia rinnovabile è abbondante e meno costosa. Tuttavia, anche queste soluzioni non sono prive di sfide, poiché possono avere impatti sull'ecosistema locale.

**Confronto con Altri Sistemi Finanziari**: Mentre il mining di criptovalute ha un impatto ambientale indiscutibile, è cruciale mettere queste cifre in prospettiva. Ad esempio, il sistema bancario tradizionale, con tutti i suoi servizi ausiliari, ha anche una vasta impronta ecologica. Tuttavia, questo non minimizza le preoccupazioni sull'impatto delle criptovalute; piuttosto, sottolinea la necessità di un cambiamento radicale in tutti i settori finanziari.

**Futuro e Innovazione**: Il crescente interesse per le criptovalute ha portato a ricerche e innovazioni nella ricerca di soluzioni più sostenibili. Ciò ha stimolato la ricerca di alternative al PoW, come il Proof-of-Stake (PoS), che ha un impatto energetico molto minore. Allo stesso tempo, l'industria sta esplorando soluzioni come il "mining verde", utilizzando esclusivamente energia rinnovabile.

**Conclusione**: Le criptovalute, come qualsiasi altra innovazione, portano con sé sia sfide che opportunità. L'impatto ambientale del mining è una di queste sfide, ma come molte altre, potrebbe anche essere un catalizzatore per un cambiamento positivo. Mentre l'industria delle criptovalute cresce e matura, è essenziale che continui a evolversi tenendo conto non solo della sua redditività ma anche della sua sostenibilità e dell'impatto sul pianeta. In un mondo in cui la sostenibilità diventa centrale in ogni decisione, le criptovalute, come ogni altro settore, devono adattarsi e innovarsi per garantire un futuro che rispetti l'equilibrio tra progresso tecnologico ed ecologia.

20. Il Futuro delle Criptovalute: Previsioni e tendenze per il futuro del mercato delle criptovalute.

Il panorama delle criptovalute è in costante evoluzione e, sebbene sia difficile prevedere con precisione cosa ci riserva il futuro, è possibile identificare alcune tendenze emergenti e tracciare ipotesi basate sull'attuale direzione del settore.

**Adozione Mainstream**: La prima tendenza è l'adozione mainstream delle criptovalute. Grandi aziende come Tesla, Microsoft e altri giganti tecnologici hanno iniziato a accettare Bitcoin e altre criptovalute come mezzo di pagamento. Le banche tradizionali stanno esplorando l'integrazione della blockchain e delle valute digitali nei loro servizi, segno evidente che le criptovalute stanno diventando sempre più integrate nel sistema finanziario tradizionale.

**Monete Stabili (Stablecoins)**: Una delle sfide principali delle criptovalute è stata la loro volatilità. Le monete stabili, ancorate a beni stabili come l'oro o valute fiat come il dollaro USA, stanno guadagnando popolarità. Queste possono offrire il meglio di entrambi i mondi: la sicurezza e la trasparenza della blockchain combinata con la stabilità di valute tradizionali.

**Decentralized Finance (DeFi)**: Come abbiamo discusso in precedenza, DeFi sta rivoluzionando il modo in cui le persone interagiscono con i servizi finanziari, offrendo accesso a prestiti, mutui e altri servizi senza la necessità di intermediari tradizionali come banche.

**Interoperabilità tra Blockchain**: Con la proliferazione di diverse blockchain, l'interoperabilità, ovvero la capacità di diverse reti blockchain di comunicare e interagire tra loro, diventerà cruciale. Progetti come Polkadot e Cosmos stanno lavorando per rendere ciò possibile.

**Miglioramento dell'Ecosostenibilità**: Come già sottolineato, l'energia utilizzata per il mining di criptovalute è diventata una questione controversa. Ci si aspetta che in futuro vedremo un maggiore interesse verso algoritmi di consenso più efficienti dal punto di vista energetico, come Proof-of-Stake (PoS) o varianti di esso.

**Regolamentazione Chiara**: Mentre le criptovalute diventano più mainstream, è inevitabile che vengano introdotte ulteriori regolamentazioni. Ciò potrebbe fornire maggiore certezza e sicurezza agli investitori, ma potrebbe anche ostacolare l'innovazione se implementato in modo troppo restrittivo.

**Sviluppo di Nuove Tecnologie**: Il continuo sviluppo tecnologico porterà alla nascita di nuovi protocolli, piattaforme e applicazioni nel mondo delle criptovalute. La ricerca in aree come la scalabilità delle blockchain, la privacy delle transazioni e la resistenza alla censura continuerà a plasmare l'industria.

**Conclusione**: Il futuro delle criptovalute appare luminoso e pieno di potenziale. La combinazione di innovazione tecnologica, adozione mainstream e una maggiore consapevolezza globale garantirà che le criptovalute e la blockchain continueranno a evolversi e a trovare nuove applicazioni in diversi settori. Mentre ci sono sicuramente sfide da superare, l'industria ha dimostrato una notevole resilienza e capacità di adattamento, e ci si può aspettare che continui a fare progressi significativi nel prossimo futuro.

L'ecosistema delle criptovalute è un calderone di innovazione, sperimentazione e aspirazioni. Ogni anno, nuovi concetti e tecnologie emergono, ciascuno con la promessa di rivoluzionare ulteriormente il settore. Mentre abbiamo già discusso di varie tendenze principali, ci sono molte altre sfaccettature del futuro delle criptovalute che meritano un'attenzione particolare.

**Tokenizzazione di Asset Reali**: Con la crescente popolarità della blockchain, c'è un crescente interesse nella tokenizzazione di beni reali. Che si tratti di immobili, opere d'arte o persino prodotti di lusso, la capacità di rappresentare la proprietà di questi beni tramite token digitali potrebbe rivoluzionare il modo in cui vengono acquistati, venduti e detenuti. Questa tokenizzazione potrebbe anche offrire una maggiore liquidità, rendendo più facile per gli individui acquistare o vendere frazioni di questi beni.

**Avanzamenti nella Privacy**: La privacy è sempre stata al centro del dibattito sulle criptovalute. Mentre Bitcoin è pseudonimo, non è completamente privato. Nuove tecnologie, come le transazioni confidenziali o i protocolli di Zero-Knowledge, stanno emergendo per garantire una maggiore privacy agli utenti. Progetti come Zcash e Monero sono all'avanguardia in questo ambito, ma è probabile che vedremo ulteriori miglioramenti in termini di privacy anche su blockchain più grandi come Ethereum.

**Sistemi di Identità Digitali**: L'identità digitale è un campo che potrebbe trarre enormi benefici dalla tecnologia blockchain. Invece di affidarsi a terze parti per verificare la nostra identità, potremmo avere identità digitali decentralizzate e a prova di manomissione che possiamo controllare e utilizzare a nostra discrezione.

**Espansione dei Mercati Predittivi**: I mercati predittivi, piattaforme in cui le persone possono scommettere sull'esito di eventi futuri, stanno guadagnando popolarità nell'ecosistema delle criptovalute. Progetti come Augur stanno dimostrando come la saggezza della folla possa essere sfruttata in modo efficace per fare previsioni su una vasta gamma di argomenti.

**Crescita dei DAO**: Le Organizzazioni Autonome Decentralizzate (DAO) sono entità che operano basandosi su regole predefinite codificate come programmi informatici sulle blockchain. Queste possono variare da semplici applicazioni a complesse organizzazioni con grandi somme di denaro. La popolarità dei DAO sta crescendo, indicando un futuro in cui la governance e la decisione aziendale potrebbero diventare sempre più decentralizzate.

**Integrazione con l'IoT**: L'Internet delle Cose (IoT) si riferisce alla connessione di dispositivi al web, permettendo loro di raccogliere e scambiare dati. La combinazione di IoT e blockchain potrebbe portare a sistemi in cui questi dispositivi possono effettuare microtransazioni in maniera sicura e autonoma.

Queste sono solo alcune delle molte direzioni in cui il mondo delle criptovalute potrebbe evolversi. Con la rapida innovazione e la crescente adozione, ci aspettiamo di vedere cambiamenti e sviluppi ancora più radicali in futuro. L'unico dato certo è che il paesaggio delle criptovalute sarà molto diverso tra qualche anno da quello che è oggi.

L'industria delle criptovalute è in continua evoluzione e la portata delle sue potenziali implicazioni è vasta e complessa. La sua rapida crescita ha suscitato interesse, curiosità e anche preoccupazione tra gli investitori, i regolatori e il pubblico in generale. Le prospettive future del settore possono essere esaminate attraverso diverse lenti, dalla tecnologia all'economia, dalla sociologia alla geopolitica.

**Interoperabilità tra Blockchain**: Una delle sfide più grandi che il settore sta attualmente affrontando è l'isolamento delle varie blockchain. Ci sono centinaia di blockchain, ognuna con le sue caratteristiche e finalità. Progetti come Cosmos e Polkadot stanno lavorando sull'interoperabilità, permettendo così a queste reti di comunicare tra loro e di scambiare valore in modo fluido. Questa integrazione potrebbe moltiplicare le potenzialità delle reti blockchain, permettendo la creazione di applicazioni molto più complesse e interconnesse.

**Miglioramenti nella Scalabilità**: La scalabilità rimane uno dei nodi centrali dell'industria. Come possono le blockchain gestire un numero crescente di transazioni, mantenendo al contempo sicurezza e decentramento? Soluzioni come lo sharding e le rollups sono attualmente in fase di sviluppo su Ethereum, mentre Bitcoin sta esplorando soluzioni di second layer come la Lightning Network.

**Evoluzione della Finanza Decentralizzata (DeFi)**: La DeFi ha visto una crescita esponenziale, ma è solo all'inizio. Nuovi prodotti finanziari e modelli economici continueranno a emergere, ampliando l'accesso ai servizi finanziari a chiunque abbia una connessione internet. Potremmo assistere alla nascita di nuovi modelli di assicurazione, prestiti peer-to-peer più efficienti e piattaforme di scambio completamente decentralizzate.

**Criptovalute come Riserva di Valore**: Mentre Bitcoin è spesso etichettato come "oro digitale", la sua adozione come riserva di valore è ancora in una fase iniziale. Allo stesso tempo, altre criptovalute potrebbero cercare di posizionarsi in questa categoria, sfruttando caratteristiche come la scarsità programmata o meccanismi di bruciatura dei token.

**Adozione da Parte delle Istituzioni**: Mentre alcune istituzioni finanziarie hanno iniziato a integrare le criptovalute nei loro servizi, la maggior parte deve ancora fare il grande salto. Questo cambiamento potrebbe portare a un'adozione su larga scala, dando una legittimità ancora maggiore alle criptovalute nel mondo finanziario tradizionale.

**Sviluppi Geopolitici**: Con la crescente importanza delle criptovalute, le dinamiche geopolitiche potrebbero cambiare. Paesi che adottano criptovalute come valuta ufficiale, o che diventano hub per l'industria delle criptovalute, potrebbero guadagnare una posizione di rilievo nel panorama internazionale.

Queste tendenze e sviluppi, uniti a molte altre variabili impreviste, guideranno il futuro delle criptovalute. Tuttavia, una cosa è chiara: le criptovalute e la tecnologia blockchain hanno il potenziale per rivoluzionare molti settori e influenzare profondamente l'economia globale e la società nel suo complesso.

Il futuro delle criptovalute rappresenta una delle frontiere più affascinanti e dinamiche dell'innovazione tecnologica e finanziaria. La loro traiettoria, partendo come un esperimento marginale fino a diventare un settore multimiliardario, dimostra non solo il loro potenziale ma anche la capacità di rispondere e adattarsi alle sfide emergenti.

**Il potenziale tecnologico**: Blockchain e criptovalute sono all'avanguardia della tecnologia. Oltre alle attuali soluzioni in fase di sviluppo, come l'interoperabilità tra blockchain e la scalabilità, ci sono innumerevoli altre innovazioni previste. Le blockchain potrebbero presto offrire velocità di transazione paragonabili, se non superiori, a quelle dei sistemi di pagamento tradizionali, il tutto mantenendo i vantaggi di sicurezza e trasparenza.

**Ruolo nel sistema finanziario mondiale**: Mentre le criptovalute hanno iniziato come un'alternativa anti-establishment al sistema finanziario, stanno rapidamente diventando una parte integrante dello stesso. Istituzioni, banche e nazioni stanno esplorando e adottando attivamente soluzioni basate su criptovalute, riconoscendo il potenziale di queste valute di fungere da riserva di valore, mezzo di scambio e anche come strumenti speculativi.

**Sfide e regolamentazione**: Se da un lato l'adozione istituzionale e l'interesse generale nel campo delle criptovalute crescono, dall'altro emergono nuove sfide. La regolamentazione diventerà una parte inevitabile del paesaggio, poiché i governi e le autorità cercheranno di bilanciare l'innovazione con la protezione dei consumatori e la sicurezza nazionale. Tuttavia, questa regolamentazione potrebbe anche portare legittimità al settore, facilitando ulteriormente l'adozione mainstream.

**Impatto socioculturale**: Oltre agli aspetti tecnologici e finanziari, le criptovalute avranno un impatto profondo sulla società a livello globale. La promessa di una finanza veramente decentralizzata potrebbe ridistribuire il potere economico, dando accesso ai servizi finanziari a miliardi di persone non bancarizzate e promuovendo una maggiore equità.

**Visione a lungo termine**: Mentre è difficile prevedere con precisione come si svilupperà il futuro delle criptovalute, è evidente che stanno plasmando un nuovo paradigma economico e tecnologico. L'innovazione continua, l'adozione cresce e l'entusiasmo è palpabile. Tuttavia, come per ogni nuova frontiera, ci saranno inevitabilmente alti e bassi. Investitori, innovatori e utenti quotidiani avranno bisogno di navigare in questo paesaggio con cautela, educazione e una visione a lungo termine.

In conclusione, il futuro delle criptovalute sembra brillante ma complesso. La loro evoluzione sarà influenzata da una moltitudine di fattori, sia interni che esterni al settore. Ciò che è certo, tuttavia, è che le criptovalute hanno già lasciato un segno indelebile nel mondo finanziario e tecnologico e continueranno a farlo nei decenni a venire.

# Conclusione e Riepilogo del Libro

Questo libro ha offerto un viaggio approfondito nel mondo delle criptovalute, esaminando ogni aspetto di questo complesso e affascinante argomento. Di seguito, un breve riepilogo dei punti salienti:

1. **Introduzione alle Criptovalute**: La nascita e l'evoluzione di una rivoluzione finanziaria.

2. **Blockchain**: La tecnologia alla base delle criptovalute.

3. **Bitcoin**: La prima e più famosa criptovaluta.

4. **Altre Principali Criptovalute**: Oltre Bitcoin, esplorando Ethereum, Ripple e altri.

5. **Minare Criptovalute**: Il processo di validazione delle transazioni.

6. **Wallet e Scambi**: Conservare e scambiare criptovalute in sicurezza.

7. **DeFi**: La finanza decentralizzata e le sue applicazioni.

8. **Rischi Associati**: Dal volatilità del mercato ai problemi di sicurezza.

9. **Tassazione**: Le implicazioni fiscali dell'investimento in criptovalute.

Per coloro che desiderano approfondire ulteriormente, ci sono molte risorse online affidabili:

1. **Siti Web**:

   - **CoinMarketCap** e **CoinGecko**: Aggiornamenti e analisi di mercato.

   - **CryptoCompare**: Strumenti di confronto tra diverse criptovalute.

   - **Bitcointalk**: Forum di discussione su Bitcoin e altcoin.

2. **Guide**:

   - **Cointelegraph** e **CoinDesk**: Notizie e guide sulle criptovalute.

   - **Investopedia's Cryptocurrency Section**: Guide educative e spiegazioni dettagliate.

3. **Libri**:

   - "Mastering Bitcoin" di Andreas M. Antonopoulos: Una guida dettagliata su Bitcoin.

   - "The Basics of Bitcoins and Blockchains" di Antony Lewis: Una panoramica chiara e concisa.

Grazie per aver intrapreso questo viaggio nel mondo delle criptovalute con noi. Come per qualsiasi investimento, è essenziale informarsi, rimanere aggiornati e fare scelte ponderate. Il mondo delle criptovalute è vasto e in continua evoluzione, e siamo ansiosi di vedere dove ci porterà il futuro.